O QUE TE FAZ LUTAR?

ERIKA
HILTON
PASTOR
HENRIQUE
VIEIRA

O QUE TE FAZ LUTAR?

Diálogo entre **uma trans e um pastor**

Planeta

Organização de conteúdo: Daila Fanny
Preparação: Laís Chagas
Revisão: Daniele Débora de Souza e Caroline Silva
Diagramação: Negrito Produção Editorial
Capa: Renata Spolidoro

As citações bíblicas foram retiradas da Nova Versão Internacional, da Biblica Inc., salvo indicação contrária.

Dados Internacionais de Catalogação na Publicação (CIP)
Angélica Ilacqua CRB-8/7057

Hilton, Erika
O que te faz lutar? / Erika Hilton, Henrique Vieira. - São Paulo : Planeta do Brasil, 2025.
112 p.

ISBN 978-85-422-3842-6

1. Igualdade social 2. Diversidade cultural 3. Movimento LGBT 4. Identidade de gênero 5. Política e religião I. Título II. Vieira, Henrique

25-3909 CDD 323.4

Índices para catálogo sistemático:
1. Igualdade social

2025
Todos os direitos desta edição reservados à
EDITORA PLANETA DO BRASIL LTDA.
Rua Bela Cintra, 986, 4º andar – Consolação
São Paulo-SP – CEP 01415-002
www.planetadelivros.com.br
faleconosco@editoraplaneta.com.br

Este livro foi composto em Adobe Garamond Pro e impresso pela Lis Gráfica para a Editora Planeta do Brasil em setembro de 2025.

SUMÁRIO

"Então, será tudo em vão? Banal? Sem razão?
Seria, sim, seria se não fosse o amor
O amor cuida com carinho, respira o outro, cria o elo
No vínculo de todas as cores, dizem que o amor é amarElo

[...]

Porque eu descobri o segredo que me faz humano
Já não está mais perdido o elo
O amor é o segredo de tudo
E eu pinto tudo em amarelo"

Trecho da música "Principia", de Emicida,
com participação do Pastor Henrique Viera

1

AMIZADES FORJADAS NA LUTA

O QUE NOS CONECTA COMO HUMANOS

ERIKA HILTON

O Henrique tem piadas péssimas. Um dia, ele mandou no nosso grupo de WhatsApp: "Poucos sabem, mas todos os funcionários da companhia aérea dão três pulinhos quando entram no avião. Por isso são chamados de *tripulantes*". Besta, né? Mas me divirto com ele. Mesmo quando me pego revirando os olhos, não tem como não rir. É esse tipo de humor que traz leveza para dias tão carregados.

Nós dois temos uma personalidade bem-humorada – eu, mais ácida; ele, mais boba – que nos aproximou muito. Aliás, temos muitas coisas em comum, mas só percebemos isso na convivência, na escuta cotidiana, no espaço de troca verdadeira. E apostar nessa convivência foi algo que me rendeu muitas boas surpresas. Quem diria que eu, uma mulher trans, encontraria em um pastor uma amizade possível, uma visão semelhante à minha, uma concordância e um companheiro de luta para transformar a realidade de tantas pessoas? Uma conexão improvável, mas profundamente real.

A gente se conheceu pessoalmente no lançamento da candidatura dele a deputado federal. Na época, eu era vereadora em São Paulo. Minha equipe e a dele entenderam que seria muito importante que uma mulher negra, trans e maravilhosa como eu apoiasse a candidatura de um pastor antifundamentalista, defensor do estado laico e comprometido com a pauta da diversidade. Era uma aliança que comunicava algo maior do que apenas uma escolha eleitoral: era uma mensagem de esperança, de ruptura com estigmas, de construção de pontes onde só enxergávamos muros.

Foi, então, um encontro político. Eu me dispus, com toda a minha generosidade, a ver se aquele Henrique era mesmo tão antifundamentalista assim. No começo, ter aceitado o rolê pareceu uma péssima ideia. O hotel em que me colocaram era tão ruim que eu preferia ter dormido no colchão no meio da sala da casa de alguém. O voo de volta para São Paulo, no dia seguinte, era cedo demais. Fui ao evento um pouco revoltada, e até arrependida, pensando: "Puta que pariu, vim para essa cidade que eu 'adoooooro' para passar esse tipo de coisa". Mas, depois de ter chegado ao teatro em que o lançamento aconteceria, vendo a energia das pessoas que estavam ali e conhecendo o Henrique, acreditei que tinha valido a pena. Ele era um cara bacana, o projeto era potente e as pessoas estavam apostando de verdade em um propósito que era (e ainda é) muito importante para o Brasil. Era como se, de repente, algo se alinhasse. Enfim, superamos essa.

Na Câmara, Henrique e eu entramos juntos em todos os sentidos. Foi nosso primeiro mandato como deputados, e a gente lutou lado a lado em algumas comissões importantes, como a disputa do casamento civil igualitário e a CPMI do Golpe, que investigou aquela série de eventos horrorosos na praça dos Três Poderes em 8 de janeiro de 2023.

A gente caminhava muito próximo, nossas equipes se reuniam para trocar ideias, organizar estratégias de fala e ação. Mas, em meio às discussões políticas, também encontramos espaço para compartilhar angústias e preocupações pessoais. A cada reunião, Henrique e eu descobríamos o que havia de comum entre nós, apesar de sermos muito diferentes. Criava-se ali uma intimidade rara, uma irmandade forjada na escuta e na confiança.

É óbvio que o ponto de união não está no fato de ele ser pastor e de eu ser uma mulher trans. Mas é interessante que nossa parceria não se desenvolveu *apesar* disso: essa diferença fundamental nos fortaleceu e trouxe uma camada política, um debate constante e uma provocação à nossa amizade e ao que temos construído juntos no espaço público. Utilizamos essa diferença para questionar o conjunto da sociedade: por que pessoas trans e pastores não podem estar na mesma mesa, comendo, rindo, se divertindo, trocando afeto, alegria? Por que justamente o que nos diferencia não pode nos complementar? Como sol e lua. Eu, sol; ele, lua. Eu sou expansiva, dada, dona de mim. O Henrique é mais tímido, alguém que gosta de sentir o terreno antes. Dessas energias tão opostas vêm uma parceria bonita e vigorosa. É bom, para mim, estar ao lado de alguém que me lembra de que também existe noite, calmaria. Que existem outras camadas de vida para além das que eu conheço e experimento. Que há silêncios que também gritam, que há pausas que sustentam discursos. E eu sei que ele adora a minha companhia e se beneficia do fato de eu ser uma diva da política.

Nossa amizade nasceu dessa impossibilidade, e é por isso, acho, que é forte. Somos dois personagens que, socialmente, seriam muito antagônicos, mas que, na vida, inclusive na vida política, que é bem difícil, encontraram fortalecimento, amizade, irmandade, cumplicidade e um ponto de apoio para atuar contra todas as estruturas que fariam com que estivéssemos distantes um do outro. Somos exceção à regra – e queremos mudar a regra.

Para que nossas diferenças potencializassem nossa atuação conjunta, foi necessário encontrar pontos de contato. E temos vários: somos negros, nascemos na periferia, crescemos em lares envoltos pela religiosidade. Cada um, à sua maneira, ama a vida e gosta de celebrar, de experimentar essa vida, mesmo com as dificuldades do nosso corpo, da nossa história, da nossa trajetória. Temos, ainda, uma visão de mundo similar e escolhemos a política e a esquerda como instrumentos para mudar e revolucionar a sociedade.

Nossa trajetória individual cumpre um papel importante em nossa amizade, pois o fato de sermos de esquerda, do mesmo partido e muito legais não teria sido suficiente para engatarmos uma amizade. Foi apenas porque eu vivi o que vivi, e o Henrique ter vivido o que viveu, que descobrimos um ponto de conexão mais profundo e substancial do que todas as nossas diferenças. Eu poderia olhar para ele com a mesma opinião da maioria das pessoas da comunidade trans e pensar: "Pastores são os nossos maiores inimigos, precisamos combatê-los". Mas o fato de eu ter passado pela igreja me faz separar o joio do trigo – para citar a própria Bíblia – e entender que pastores não são todos iguais. Que há nuances, contradições, trajetórias diversas.

Apesar de eu não me entender como uma pessoa religiosa, muito da nossa luta comum passa pela religião.

Henrique e eu combatemos o fundamentalismo religioso na sociedade e, especialmente, na Câmara. Cada um tem seus motivos para isso. Eu luto contra o fundamentalismo porque foi ele o responsável pelas maiores dores que carrego na vida. Foi o fundamentalismo que me jogou nas esquinas, que me sentenciou à prostituição, que roubou minha família, minha adolescência, minha ingenuidade. Ele é o culpado por todas essas perdas em minha história.

Além de nossas motivações particulares, a religião também se faz presente em nossa luta porque, conforme entendo, a maior parte das populações do Brasil – as mulheres, os negros, as classes trabalhadoras, os grupos pobres e carentes – frequentam o espaço da igreja. Para mim, é importante que essa população não seja cooptada pelo fundamentalismo, que viceja na maioria dos espaços religiosos. Não se trata de me vingar do cristianismo, mas de atacar o fundamentalismo. Para mim, fundamentalismo é diferente de fé, de cristão, de religião, de Bíblia, de sagrado, de Deus. Fundamentalismo é político. Ele é um projeto de poder, e poucos se dão conta disso. Fundamentalismo não é sinônimo de espiritualidade. Minha mãe é uma cristã que acredita em Deus, que lê a Bíblia, que se levanta de madrugada para orar de joelhos, mas que não perpetua a lógica de segregação, desigualdade e humilhação contra determinados grupos, como o fundamentalismo faz. Um dia, motivada pela agenda de ódio do fundamentalismo, ela agiu assim, é verdade. Mas, hoje, ela entende Jesus e Deus como amor, caridade, benevolência, perdão, acolhimento, irmandade. Esses são valores centralmente cristãos que o fundamentalismo não ensina. Ele ensina a violência e a intolerância.

Minha transgeneridade é alvo de ataques diários do fundamentalismo. Pois esse projeto de poder banca a posição extremista de que pessoas trans são o próprio demônio, algo que tem infectado mais e mais igrejas. É preciso quebrar esse lugar de abjeção demoníaca que se construiu no imaginário religioso acerca de individualidades como a minha. Somos pessoas normais. Não somos promíscuas, pecadoras. Somos seres humanos que nasceram como são e que têm direito a respeito e dignidade. E, como humanos, temos dor, temos medo, temos frio. Precisamos de amparo e merecemos abrigo. Nas próprias igrejas, merecemos ser enxergadas como discípulos de Jesus e ser incluídas nas passagens dos Evangelhos que falam sobre amor, piedade, compaixão, irmandade. Merecemos o direito de possuir e exercer nossa espiritualidade. Muitas pessoas trans não podem praticar sua fé porque são excluídas de suas comunidades religiosas a partir da pregação e campanha de ódio promovida por pastores e outros líderes – homens que, de maneira hipócrita, usufruem de corpos como o meu, mas que não têm coragem de assumir publicamente seus desejos. Têm medo de se tornarem o que eles dizem ser "não humano", "podre", "abjeto", mas que, apesar disso, desejam. Recalcados, reprimidos, seu desejo se mistura com o ódio de querer e não ter, e isso leva à violência, ao massacre, à morte.

Eu gostaria que pastores fizessem como o Henrique e enxergassem que não há em nós nada além de uma humanidade que existe na diversidade. Entendo que a humanidade é um lugar que precisa ser visualizado, percebido, sentido. A partir do momento em que você reconhece outro alguém como ser humano, vocês podem trocar afeto, intimidade, cumplicidade, projetos de vida, sonhos, ideais. São duas pessoas em comunhão. Quebra-se a barreira do "Esse aí é um monstro que não pode estar entre nós" e chega-se ao "Ela é um de nós, um ser humano como nós, então merece ser ouvida e participar desse lugar, comungar dessa fé, receber nosso afeto e nosso respeito". Minha humanidade é como a sua, como a de qualquer pessoa. É a desumanização do outro que cria a prerrogativa para a violência.

Humanizar é conectar. Os episódios tristes da vida do Henrique me conectaram a ele. Os episódios difíceis da minha adolescência estabeleceram pontos de encontro entre nós. Somos duas pessoas, duas histórias, dois corpos machucados pelo fundamentalismo, mas que buscaram e encontraram um espaço coletivo para lutar contra o que nos humilhou e, a partir daí, construir um país mais justo para outros corpos, vidas e histórias como as nossas.

Por isso, penso que nossa amizade tem algo de bonito, potente e transformador: a simbologia de alguém que traz em seu próprio corpo a luta da identidade trans se unindo a alguém que traz, não no corpo, mas na trajetória, uma luta cristã para carregar e defender, até hoje, o título de "pastor". Esses dois personagens, que dificilmente seriam vistos lado a lado numa mesa de bar ou numa comissão da Câmara, se unem para dizer: "Aqui, entre nós, existe amor. Aqui existe a possibilidade de convivência tranquila e harmônica. Aqui estão duas pessoas que riem juntas, que compartilham sonhos, que acreditam em um mundo em que não precisam estar em guerra".

Esse encontro pode proporcionar novos encontros e novas realidades para além de nossa vida. Nosso desafio, hoje, é fortalecer um ao outro como pessoa e como coletividade, a fim de continuar disputando a sociedade, a esquerda, os espaços no nosso partido, os espaços públicos, os espaços religiosos, enfim, qualquer lugar, para garantir a diversidade e uma visão não fundamentalista da fé. Que a nossa história inspire outras histórias. Que o afeto seja um ato político. Que a convivência seja também resistência.

NA ALEGRIA E NA TRISTEZA

Pr. Henrique Vieira

O ano era 2023, o primeiro do meu mandato como deputado federal. Era também o primeiro ano da Comissão de Previdência, Assistência Social, Infância, Adolescência e Família (CPASF), que eu integrei como membro titular desde a sua instalação, em março daquele ano. Ali, herdamos da extinta Comissão de Seguridade Social e Família aproximadamente 400 projetos de lei para apreciação. Alguns estavam na Casa havia mais de vinte anos, aguardando um parecer.

Entre os projetos que recebemos, havia um relacionado ao casamento civil igualitário, ou seja, entre pessoas do mesmo sexo. Era de autoria do deputado Clodovil Hernandes (PL n. 580/2007) e estabelecia que duas pessoas do mesmo sexo poderiam contrair casamento civil e, com isso, usufruir dos mesmos benefícios legais de um casal heterossexual: direito a herança e partilha de bens em caso de separação ou morte; possibilidade de adotar e criar filhos conjuntamente; direito à pensão por morte; autorização para acompanhar o cônjuge no hospital e decidir sobre procedimentos médicos, entre outros. Era um projeto de lei que tinha em vista a máxima constitucional de que "Todos são iguais perante a lei".

Junto a esse projeto, foram anexados outros que tratavam do tema do casamento civil igualitário, alguns favoráveis e outros contrários. Um exemplo do último tipo é o PL n. 5.167/2009, que entende que "nenhuma relação entre pessoas do mesmo sexo pode equiparar-se ao casamento ou a entidade familiar".[1] Em princípio, esse projeto vetava o que o projeto do deputado Clodovil buscava legalizar.

O conteúdo do PL n. 5.167/2009 era violento e desinformado. Ele pretendia resolver, "de uma vez por todas, a situação de direitos de pessoas do mesmo sexo, em relação à família e ao casamento".[2] Não admitiria diálogos, revisões ou novas considerações. Seu teor era categórico: casais formados por pessoas do mesmo sexo não podem ter os mesmos direitos que os casais heterossexuais. Os argumentos que citava como defesa eram versículos bíblicos descontextualizados e um estudo espanhol claramente homofóbico, cuja autoria não pôde ser comprovada.

O deputado designado como relator, com muita fragilidade jurídica, ecoou os pensamentos homofóbicos, violentos e preconceituosos desse segundo projeto de lei. Em seu parecer, afirmou que "o casamento entre pessoas do mesmo sexo é contrário à verdade do ser humano" porque

---

1 Brasil. Câmara dos Deputados. *Projeto de Lei n. 5.167, de 2009*. Altera o art. 1.521 da Lei n. 10.406, de 10 de janeiro de 2002, que institui o Código Civil. Brasília, DF: Câmara dos Deputados, 2009. Disponível em: https://www.camara.leg.br/proposicoesWeb/prop_mostrarintegra?codteor=654939&filename=Avulso%20PL%205167/2009. Acesso em: 5 ago. 2025.

2 *Ibidem*.

o propósito da união civil seria "a procriação, o que exclui a união entre pessoas do mesmo sexo".[3] O relator considerava, portanto, a homossexualidade, a bissexualidade e a transexualidade como experiências anômalas, patológicas e antinaturais. Como se a pessoa homossexual fosse "sub-humana" ou "subcidadã", que, portanto, não deveria ter acesso aos direitos de um "verdadeiro" cidadão.

Durante um mês, as sessões da CPASF que debatiam esses projetos foram palco de ódio, fascismo, intolerância e LGBTfobia. As falas ultrapassaram em muito a violência das palavras do PL e do parecer do relator. As discussões rapidamente saíram do campo do direito, da Constituição, para falarem de Bíblia, de fé religiosa, de "cristofobia". Nós, do PSOL, ao lado de outros colegas deputados, entendemos que os discursos pretendiam semear o pânico, pois alegavam que as igrejas correriam risco se o casamento homoafetivo fosse legalizado. Os deputados que se opunham ao casamento igualitário repercutiram a estratégia da extrema direita de apostar na confusão informacional e na irracionalidade, às custas da possibilidade de diálogo e de divergência.

O que afirmavam – perseguição religiosa, fechamento de igrejas, prisão de pastores que se opusessem a celebrar casamentos homoafetivos – estava longe da verdade. Desde 2011, o Supremo Tribunal Federal (STF) havia assegurado o direito de união civil a casais não heterossexuais. Em doze

---

3 Brasil. Câmara dos Deputados. *Relatório ao Projeto de Lei n. 580, de 2007*. Brasília, DF: Câmara dos Deputados, 2023. Disponível em: https://www.camara.leg.br/proposicoesWeb/prop_mostrarintegra?codteor=2320715&filename=Tramitacao-PL%20580/2007. Acesso em: 3 mar. 2025.

anos de resolução, nenhuma igreja havia sido fechada. Em contrapartida, no ano anterior ao nosso debate na Câmara (2022), 273 pessoas LGBTQIA+ haviam sido mortas no Brasil, e até abril de 2023, 80 mortes haviam sido registradas. Esses dados fazem do Brasil o país que mais mata a população LGBTQIA+ do mundo.[4]

Não contabilizei os ataques que recebi à minha pessoa, como pastor, todos proferidos por homens que se identificam publicamente como cristãos, mas que, na prática, negaram absolutamente as leis de amor ao próximo ensinadas pelo Cristo que eles dizem seguir. De qualquer forma, os ataques que eu recebi em nada se comparam aos que foram feitos contra minha amiga Erika Hilton. No fundo, as palavras daqueles homens extremamente tóxicos e violentos negavam a vida, o corpo e a dignidade da própria Erika como mulher trans.

Na maioria das sessões, Erika esteve sentada ao meu lado. Eu tinha consciência de que muitos discursos se dirigiam pessoalmente a ela – a primeira mulher trans a ocupar uma cadeira na Câmara dos Deputados –, mas eu não fazia ideia de como ela recebia aquelas palavras. Observei que nenhum daqueles discursos a imobilizou ou desestabilizou, pelo contrário, despertaram réplicas cheias de potência e autoridade, que despertaram em mim uma profunda admiração por ela.

---

4 Brasil. Ministério dos Direitos Humanos e da Cidadania. *Dossiê apresentado ao MDHC indica 273 mortes de LGBTIA+ no Brasil, em 2022*. 16 maio 2023. Disponível em: https://www.gov.br/mdh/pt-br/assuntos/noticias/2023/maio/dossie-apresentado-ao-mdhc-indica-273-mortes-de-lgbtia-no-brasil-em-2022. Acesso em: 3 mar. 2025.

Nós dois ainda não tínhamos a amizade que temos hoje. A proximidade se construiu ao longo de lutas como essa nos salões de Brasília. Na questão do casamento civil igualitário, nossos mandatos e assessorias se uniram. Elaboramos estratégias de resposta e intervenção para defender a democracia, os direitos humanos e o Estado laico. Lançamos uma campanha virtual de abaixo-assinado em favor da união civil igualitária, #OAmorVence, que recolheu 240 mil assinaturas em apenas duas semanas. Mas não foram apenas mandatos e projetos se alinhando: foram vidas se encontrando e cultivando respeito, admiração e amizade. Conheci mais da Erika e de sua história, e ela conheceu mais de mim. Descobrimos diversos pontos de contato em nossas trajetórias, pontos que aproximavam em afeto o que o fundamentalismo religioso se dedicava a afastar: a amizade entre um pastor e uma mulher trans.

Nas sessões, minha admiração pela Erika crescia. Ela se empoderava e rebatia, sempre com a sua postura soberana e elegante. Vi sua força e coragem denunciando a hipocrisia religiosa, as estruturas de ódio, a má compreensão do evangelho. Em uma das sessões, ela proferiu um discurso brilhante durante dezesseis minutos. Muita gente que assistiu à transmissão achou que ela estivesse lendo um documento. Mas não. As palavras saíam com naturalidade, eloquência e paixão:

> Não adianta usar o nome de Deus para tentar mascarar os ódios de vossas excelências. Outros já o fizeram e foram completamente cruéis. Mataram a sangue-frio, sem dó, sem piedade, e usando o nome de Deus. As cruzadas são um exemplo

> disso. A escravidão é um exemplo disso. O nazismo é um exemplo disso. A ditadura militar – que torturou, explodiu silicones de travestis nos porões da ditadura, matou e escondeu o corpo – o fez também em nome de Deus. Nós não caímos mais nessa farsa. Nós não caímos mais nessa encenação de dizer: "Ah, não, nós estamos aqui falando em nome de Deus, então somos pessoas boas, somos pessoas dignas, honradas". Falsos profetas, é isso que vossas excelências são. Usam o nome de Deus para pregar ódio, para pregar intolerância. Eu tenho certeza de que se Jesus Cristo voltasse hoje, não seria com vossas excelências que ele se sentaria. Seria conosco, os oprimidos, os humilhados, os amaldiçoados, os apedrejados, aqueles que são expulsos de suas casas pelo simples fato de serem quem são. Aquelas e aqueles que só têm como opção a prostituição, a marginalidade, a violência por [causa de] discursos como esses, que são utilizados em nome de Deus. Deus deve estar envergonhado de tanta maldade, crueldade e ódio sendo proferido em seu nome.[5]

Assim que Erika terminou seu discurso, recebeu o aplauso de deputados e representantes dos movimentos sociais, que a ovacionaram em pé. Por minha vez, eu a abracei longamente. Fiquei emocionado, pois vi Jesus no grito da Erika Hilton. Vi Jesus no olhar da Erika Hilton. Vi Jesus na história da Erika Hilton. Vi a mesma coragem de se erguer

---

5 Brasil. Congresso Nacional. *Contrato civil de união homoafetiva*. Comissão de Previdência, Assistência Social, Infância, Adolescência e Família. 27 set. 2023. Disponível em: https://www.camara.leg.br/evento-legislativo/70166. Acesso em: 3 mar. 2025.

em favor dos oprimidos diante dos poderosos, sem covardia. Mas também vi um corpo igualmente perseguido pelo sistema político e religioso, sacrificado a Deus como um ato de limpeza social.

Mas de tais sacrifícios, diz a Bíblia, Deus não se agrada.[6]

A autoconfiança da Erika me impressiona muito. É uma característica que eu não tenho: sou tímido, inseguro, ansioso, preocupado. Ela é sempre esse brilho, essa força, essa potência autoconfiante. Acho admirável a forma com que ela construiu para si mesma, e em si mesma, esse lugar de empoderamento. Sessão a sessão, uma sinergia surgiu entre a gente. Nossas falas se conectaram. Houve muito carinho e empatia. Na luta em favor do casamento civil igualitário, nasceu entre nós uma "fraternura", a mistura de fraternidade com ternura, como dizia Paulo Freire. Diante daquele Congresso ultraconservador, a gente se aproximou e estreitou a amizade. Da luta vieram as conversas, a partilha, a construção da confiança, o falar sobre si e sobre a vida. Nossa amizade veio das mãos dadas, enfrentando o fundamentalismo, a misoginia, a LGBTfobia. A gente se conectou como resistência, como o florescimento de uma esquerda negra, popular e diversa, que dialoga com a fé de nosso povo.

6 Um escritor bíblico anônimo afirmou: "Não se esqueçam de fazer o bem e de repartir com os outros o que vocês têm, *pois de tais sacrifícios Deus se agrada*". (Hebreus 13:16, grifo do autor). Tiago, irmão de Jesus, escreveu: "A religião que Deus, o nosso Pai aceita como pura e imaculada é esta: cuidar dos órfãos e das viúvas em suas dificuldades e não se deixar corromper pelo mundo" ("mundo" como "sistema"). Ele ainda acrescenta que a religião daquele que não sabe controlar a própria língua não tem valor algum (Tiago 1:26-27).

Mas não foi apenas nos corredores de Brasília que a amizade entre mim e a Erika se fortaleceu. A gente foi construindo laços para além da militância, da afinidade política: no momento após as sessões, no bar, na casa de alguém. Em 2023, geralmente de quarta-feira à noite, a gente costumava ir a um barzinho na Asa Norte. Ali, nossas equipes conversavam, trocavam ideias, desfrutavam de uma cervejinha, uma caipirinha, um suco. Era um momento de relaxamento, troca, brincadeira.

Em um desses dias, alguém do bar colocou uma música ambiente. Era "Principia", a primeira música do álbum *AmarElo*, do Emicida, e da qual participo com uma poesia. A gente foi cantarolando e, em certo trecho, a Erika e eu nos levantamos, cantando. Formou-se uma espécie de semicírculo ao nosso redor. E quando chegou a parte da minha poesia, nós dois, no centro, declamamos juntos:

> Vejo a vida passar num instante
> Será tempo o bastante que tenho pra viver?
> Não sei, não posso saber
> Quem segura o dia de amanhã na mão?
> Não há quem possa acrescentar um milímetro a cada estação
> Então, será tudo em vão? Banal? Sem razão?
> Seria, sim, seria, se não fosse o amor

A gente olhava um para o outro, meio que num jogo cênico. A Erika dominava, com seu jeito empoderado. Eu tentava acompanhá-la. Foi um momento muito bonito no meio do caos de plenárias carregadas de feiura e agressividade.

O amor cuida com carinho
Respira o outro, cria o elo
No vínculo de todas as cores
Dizem que o amor é amarElo

Na luta do dia a dia, construímos uma amizade profunda. E a cada dia, sigo aprendendo com essa companheira. Juntos, fazemos política com coragem, brilho, amor nos olhos e cabeça erguida. Abrimos caminhos, rejeitamos destinos, colorimos as ruas, derrubamos opressões, dançamos na avenida da existência. Fé por meio do amor. Amor como revolução.

2

A MILITÂNCIA COMO CAMINHO DE VIDA

COM JESUS E NA ESQUERDA?

Pr. Henrique Vieira

Minha militância deriva de minha experiência com o evangelho. E aqui, "evangelho" vai muito além da sistematização de uma determinada tradição cristã. É óbvio que minha experiência de fé vem do cristianismo, de uma igreja e uma denominação específicas. Mas foi meu contato com as páginas dos Evangelhos[7] que me informou e me formou pela compaixão, solidariedade e sensibilidade de Cristo diante da vida e dos outros.

Desde menino, a fé que tenho em Jesus é sincera. Nasci em um lar evangélico, que é de denominação batista desde a geração dos meus bisavós. Aprendi sobre o evangelho em especial com o ensino e o testemunho de duas mulheres muito simples e muito piedosas: minha mãe, Gláucia, e minha avó Ruth. Com elas, bem menino, fui enxergando o

7 Para os leitores menos familiarizados com o universo cristão, "Evangelho", com letra maiúscula, se refere aos quatro livros bíblicos que contam a história de Jesus – os Evangelhos de Mateus, Marcos, Lucas e João. Já "evangelho", com letra minúscula, é uma referência a um estilo de vida como seguidor de Jesus.

mundo pelo olhar da fé. Minha mãe conta que eu, com 3 ou 4 aninhos, já fazia orações cheias de afeto. A vovó conduzia cultos com a família, em casa, e contava as histórias sobre a vida de Jesus, que eu amava ouvir. Aos 5 anos, memorizei meu primeiro versículo bíblico, Salmos 119:11: "Guardei no coração a tua palavra para não pecar contra ti". Mais do que uma herança familiar, o evangelho se tornou uma paixão porque encontrei, em Deus, uma relação de amor.

Na adolescência, me envolvi com a igreja que minha família frequentava, a Primeira Igreja Batista de Niterói. Participava do coral de adolescentes, da escola bíblica, do acampamento de juventude. Nas noites de segunda-feira, os jovens organizavam cultos nos lares e, a cada semana, um de nós fazia uma reflexão bíblica. Foi em um desses cultos, em uma casa no bairro de Ingá, que eu preguei pela primeira vez. Aquele processo de estudar a Bíblia, preparar a reflexão e pregar me deu um prazer profundo, uma alegria enorme em falar do amor de Deus a partir de Jesus. Não parei mais: eu pregava em cultos nos lares, cultos na igreja, cultos de jovens, vigílias de oração, cultos das senhoras, acampamentos. Foi assim que descobri minha vocação para ser pastor.

Desde aquela época, para mim, ser pastor não significava estar no topo de uma hierarquia nem ser o dono de uma verdade. Pastorear sempre teve a ver com duas coisas: pregar o evangelho (falar do amor de Deus) e cuidar de gente (caminhar com quem está sofrendo). Era o que eu via Jesus fazendo em cada página do relato bíblico. Ele ia junto do povo, se identificando com suas dores. Ele optou pela companhia do pobre, do desprezado, da mulher, dos famintos, dos doentes. Essas escolhas colocaram uma questão diante de mim: ao lado de quem eu devo andar para refletir, na minha vida, a ética e o pastoreio de Jesus? A resposta a esse questionamento estabeleceu um parâmetro de comportamento para mim.

Antes de olhar para a sociedade em busca de uma resposta, olhei para minha igreja. A Primeira Igreja Batista de Niterói era uma igreja plural em termos sociais. Como qualquer outra igreja do Brasil, ela era um microcosmo da sociedade: havia negros, mulheres com problemas domésticos, desempregados, famílias pobres. Apesar disso, como instituição, de forma geral, a igreja estava distante dos grandes dramas sociais do nosso tempo, do nosso país e da nossa cidade. Isso me angustiava profundamente, pois me parecia distante das exigências do evangelho de Jesus.

Com alguns amigos, eu discutia a perspectiva de um evangelho libertador, ligado às pautas sociais. Debatíamos alguns textos bíblicos e sua aplicação literal no século 21. Lembro-me de algumas amigas apontando certos trechos da Bíblia e dizendo: "Esse texto é altamente machista! Isso aqui é uma violência contra as mulheres". Eram questões que nos capturavam e exigiam alguma resposta, que não encontrávamos no conservadorismo que predominava em nossa igreja e nos asfixiava emocionalmente. A gente queria falar de direitos humanos e de combate à fome, a gente queria fazer diálogo interreligioso e perceber a beleza do sagrado em outras religiões. Mas isso não cabia naquela estrutura que, durante tantos anos, foi nossa casa.

Assim, começaram, em minha história, uma crise de fé e uma militância em direitos humanos. A crise de fé me levou ao amadurecimento espiritual e a uma relação mais profunda e comprometida com Deus. A militância me encaminhou para o movimento estudantil.

Um grande fruto dessa ruptura, para mim, foi a Igreja Batista do Caminho, que meus amigos e eu fundamos, e da qual sou pastor até hoje. Foi um processo criativo e coletivo que não nasceu de uma dissidência em relação à nossa igreja de origem, mas seguiu todo o protocolo usual que as igrejas batistas seguem para instituir novas igrejas. No geral, funciona assim: os membros de uma igreja já constituída como organização independente iniciam atividades religiosas – geralmente, cultos – em um novo local, denominado "congregação". Nesse endereço, novas pessoas vão chegando e forma-se uma comunidade cristã, que define seus próprios líderes, seu próprio estilo de culto e sua própria cultura. Com o tempo, essa comunidade ganha autonomia em relação à igreja-mãe, especialmente em termos financeiros e de liderança formal, ou seja, pessoas do próprio grupo que sejam capazes de pregar, ensinar a Bíblia e administrar os ritos religiosos que formam a base de nossa fé cristã. Foi esse percurso que a Igreja Batista do Caminho seguiu, tornando-se autônoma em 2012, quando me formei no seminário e fui ordenado pastor.

Embora esse processo de formação tenha seguido os trâmites oficiais da igreja, as coisas não correram sem tensão. Houve estranhamento e dor – da minha parte e dos outros membros da Primeira Igreja Batista de Niterói, muitos dos quais me viram crescer e acompanharam minha formação como pastor – à medida que eu me distanciava de um ambiente que era muito precioso para mim. Sou muito grato pela minha infância e não falo do passado com mágoa, mas foi necessário que eu me afastasse daquele ambiente familiar para experimentar uma espiritualidade mais ampla, um contato mais profundo que eu almejava com o evangelho de Jesus. Até hoje, alguns irmãos de fé olham para mim como um desviado, sem entenderem minhas escolhas nem as considerarem saudáveis.

Para encontrar a própria verdade, tem de haver ruptura. Ninguém se reinventa só na base da conciliação e do conforto. Abandonei estruturas que me abandonaram, enquanto fortaleci a comunhão e a cooperação com irmãs e irmãos que fazem da Igreja Batista do Caminho uma construção comunitária.

Ser pastor ali não é ocupar uma cadeira de autoridade nem ser representante de Deus. Ser pastor é estar junto e compartilhar o evangelho. É uma função que desempenho dentro da comunidade, não acima dela. Eu sou parte, eu sou fruto da comunidade que ajudei a construir. Minha visão de mundo e de sociedade é modelada, a cada dia, com o auxílio de meus irmãos e irmãs de fé. Nós nos edificamos juntos. A pregação e o ensino não são prerrogativas minhas; zelamos pelo revezamento no púlpito, para que outras vozes sejam escutadas. Assim, construímos coletivamente nossa visão de mundo, nossa leitura da Bíblia, nossa prática de fé.

A Igreja Batista do Caminho é uma igreja independente. Ela leva o "batista" no nome não porque esteja vinculada à denominação, mas porque tem como referência os princípios batistas do século 17 que falam em liberdade de consciência, autocrítica e revisão constante da doutrina. Assim, diante da institucionalização da espiritualidade, nossa igreja reivindica autonomia. Mas ela não é uma igreja despolitizada e neutra diante das injustiças, porque a espiritualidade mais ampla que construímos e abraçamos é engajada politicamente. Não se trata de partidarismo – essa foi uma caminhada minha, não da minha igreja –, mas de compromisso social. Para nós, crer em Jesus como o Deus entre nós significa se comprometer com os pobres, com a justiça social e com a paz. Somos, portanto, uma igreja autônoma diante do Estado e dos partidos, mas, ao mesmo tempo, politicamente engajada com os marginalizados por causa do próprio evangelho, e não por causa do pastor. Cremos que caminhar com Jesus é sempre estar ao lado da justiça, da paz e dos oprimidos.

Quando me candidatei a vereador em Niterói e, depois, a deputado pelo Rio de Janeiro, me afastei da minha igreja para zelar pela neutralidade do púlpito. Nem mesmo ia aos cultos durante as eleições, como sinal de respeito à comunidade e à consciência de meus irmãos e minhas irmãs. Entendo que um candidato é uma propaganda de si mesmo o tempo inteiro. Ainda que eu, no púlpito, falasse somente sobre Jesus, minha simples presença ali não deixaria de ser uma propaganda eleitoral. Então, preferi me afastar da comunidade, mesmo amando a congregação e a pregação, para não reproduzir a lógica entristecedora da extrema direita de sequestrar a igreja para um projeto ideológico.

Penso que é fundamental que a igreja tenha autonomia. Para isso, o Estado deve resguardar a pluralidade de crenças religiosas, bem como a não crença. O Estado laico é o que diz: "Eu não tenho religião. Eu não vou, nem posso, me pautar por parâmetros religiosos para organizar a sociedade, que é plural. Você pode ter a sua religião, o outro pode ter a dele, a outra pode não ter nenhuma, e eu resguardo o direito de todos vocês. Mas eu, o Estado, não tenho religião".

Eu defendo o Estado laico. Desse modo, meu sonho não é viver em um país evangélico, ainda que os evangélicos sejam a maioria. Não desejo que o Estado se torne uma extensão da igreja, e nem que a igreja se torne um posto do Estado. O que desejo é um país sem fome, sem pobreza, sem miséria, sem desigualdade. O Brasil em que acredito é um país de liberdade, democracia e cultura, de convivência entre diferentes credos, línguas, tribos e identidades. É o Brasil que supera o fundamentalismo e, assim, supera o racismo, a misoginia, o machismo e a LGBTfobia. Um país em quem todas as identidades são recebidas e protegidas para que desenvolvam o protagonismo da própria vida. Enfim, um Brasil de justiça, paz e liberdade.

Não vejo como construir esse Brasil sem engajamento político. E ser político não é se filiar a um partido; é, antes, uma maneira efetiva de promover paz, justiça e bem comum; de defender a causa do pobre e do oprimido, como vemos no evangelho de Cristo. E foi por meio de minha compreensão acerca dos valores apresentados por esse evangelho que optei pela esquerda, dentro do espectro político brasileiro de hoje.

Para mim, o texto bíblico deixa evidente o compromisso de Jesus com os pobres, sua denúncia ao acúmulo de riquezas, seu rompimento com a lógica vigente de vingança ("olho por olho, dente por dente"), sua preferência por caminhar com e entre os marginalizados, os estigmatizados, os amaldiçoados pela religião. O próprio Jesus foi um corpo perseguido e teve uma morte violenta por haver incomodado a elite religiosa de sua época e a estrutura política de poder do império romano. Ele, em certa medida, foi uma subversão daquele sistema político-religioso. Tendo como base essa percepção a respeito da figura de Jesus, quando olhei para as narrativas existentes no mundo, simpatizei com a esquerda por sua preocupação anticapitalista, de justiça social, de centralidade dos direitos humanos e de luta por mulheres, negros, LGBTs, indígenas, quilombolas, refugiados e outros grupos minoritários. Minha decisão pela esquerda é fruto da minha consciência e da minha experiência com o evangelho, mas reconheço que o evangelho é supraideológico e constitui o centro da minha vida.

Muitos acham exótico um "pastor de esquerda", mas não se dão conta de que a esquerda é um conceito amplo. Também não percebem que eu não estou anunciando nada novo. Faço parte de uma tradição cristã popular, progressista e generosa que ama a diversidade, promove o bem comum e rejeita o discurso de ódio proferido em nome do evangelho, da Bíblia e de Jesus. Reconheço que há um cristianismo hegemônico ligado às cruzadas, à colonização, ao patriarcado e à escravidão; no Brasil, em especial, o referencial evangélico hegemônico é autoritário, violento, machista, racista, LGBTfóbico e pró-violência. Mas esse referencial não define o significado de ser discípulo de Jesus.

Os coronéis da fé se dizem evangélicos, mas Martin Luther King também era evangélico. Existe o cristianismo abnegado de São Francisco de Assis, o da resistência dos padres revolucionários na Nicarágua, o da teologia da libertação latino-americana, o da luta pelos direitos civis nos Estados Unidos. Estou na fileira de Frei Tito, Frei Betto, Dom

Hélder, Irmã Dorothy e Teresa d'Ávila. Sigo um cristianismo ecumênico comprometido radicalmente com os empobrecidos. E sou só mais um. Muitos vieram antes de mim e muitos estão ao meu lado.

Mas gostaria de fazer aqui uma ressalva: embora eu seja de esquerda por causa do evangelho, Jesus não era de esquerda. Seria um anacronismo afirmar isso, já que esquerda e direta são conceitos do nosso tempo. Qualquer afirmação desse tipo me parece mais panfletária do que coerente. Entendi, porém, que, se sou cristão, ou seja, se sigo o Cristo, preciso ter um compromisso efetivo com as mesmas coisas com as quais ele se comprometeu: com a dignidade humana, não importando quem é esse humano; com quem está sofrendo; com as vítimas de preconceito e de violência; com o povo pobre que luta para ter o tal "pão de cada dia", segundo as palavras do próprio Jesus. Perante o evangelho, não vejo a possibilidade de fazer uma divisão entre "vida religiosa" e "vida secular", como se houvesse duas gavetas separadas na minha existência. Minha experiência com o evangelho permeia todas as escolhas da minha vida. Permeia a minha luta. Para mim, tudo o que vivo se constitui em uma experiência com Deus. Ele está no café da manhã, num pão repartido, no abraço de minha filha, no jogo do Flamengo, numa ocupação pública.

E assim como é difícil para alguns evangélicos entenderem a figura de um pastor de esquerda, também foi difícil para alguns militantes aceitarem o militante de esquerda pastor. Infelizmente, ainda há na esquerda um preconceito contra a religião e a espiritualidade, em especial a evangélica. Porém, a despeito de qualquer incompreensão dos militantes, os evangélicos brasileiros são majoritariamente mulheres, negros, pobres, periféricos, favelados e trabalhadores. Ora, se a esquerda pretende, de forma democrática, transformar a sociedade para alcançar um modelo econômico e social de justiça, igualdade e liberdade, ela tem de dialogar com a maioria da população, e essa maioria carrega um senso e uma prática de espiritualidade. Uma esquerda popular que não fala sobre o povo, mas a partir do povo; que não luta *por* ele, mas *com* ele, precisa lidar com o universo da espiritualidade, porque uma parcela significativa do nosso povo precarizado e explorado está imerso nesse universo. Sem entender e respeitar esse fenômeno, livre de qualquer estigma, a esquerda simplesmente não poderá dialogar com a maioria absoluta do Brasil.

Gosto da diferenciação que Frei Betto faz entre religião e espiritualidade. Ele diz: "Espiritualidade e religião se complementam, mas não se confundem. A espiritualidade existe desde que o ser humano irrompeu na natureza. As religiões são recentes, datam de oito mil anos. A religião é a institucionalização da espiritualidade".[8] É verdade que certas experiências religiosas, de tão pesadas que são, abafam e sufocam a potência da espiritualidade. Mas também é verdade que os primeiros registros de vida humana falam de espiritualidade e transcendência; eles perguntam pelo sentido mais profundo e último da vida; se espantam diante da potência, mas também da banalidade e da vulnerabilidade da experiência

---

8 Frei Betto. Espiritualidade e Religião. *Frei Betto.org*. 17 dez. 2024. Disponível em: https://www.freibetto.org/espiritualidade-e-religiao/. Acesso em: 27 fev. 2025.

humana. Disso surge o fenômeno antropológico, tão antigo quanto o ser humano, que é a espiritualidade.

Se você passar um dia em um assentamento agrário, em uma ocupação urbana ou em qualquer espaço popular de luta e resistência, irá ouvir as palavras "Deus", "Jesus", "Vamos com fé". Em 2015, quando eu era vereador em Niterói, alguns integrantes do Movimento dos Trabalhadores Sem Teto (MTST) ocuparam um terreno abandonado no Largo da Batalha. Mais de 200 famílias estavam lá, todas vítimas de um deslizamento que tinha destruído suas casas em 2010. Na ocupação, reivindicavam moradia digna. Fui para lá assim que soube do fato e cheguei ao mesmo tempo que a polícia. Eu me apresentei como vereador e propus fazer a mediação entre as partes, para evitar violência.

No dia seguinte, bem cedo, fui ao Largo e encontrei uma senhora sentada do lado de um barraco instalado pelo MTST para organizar a ocupação, fazer as assembleias e iniciar o processo de luta. Perguntei para ela: "E aí, senhora? Como é que foi essa noite aqui?". Ela me respondeu: "Meu irmão, *glória a Deus*, conseguimos ficar". Na linguagem daquela mulher pobre e oprimida, o êxito da ocupação do MTST estava vinculado à ação de Deus.

A esquerda não pode ser dogmática e excluir do diálogo toda e qualquer experiência religiosa. Enquanto parte da esquerda prefere rejeitar a religião, a extrema direita percebeu que existe força na subjetividade produzida pela religião e aprendeu, infelizmente, a captar e mobilizar esse afeto de forma destruidora. Isso é lamentável, porque creio que a espiritualidade pode tornar melhor, mais justa e solidária nossa realidade. Não me refiro a fazer da religião um instrumento, em uma relação utilitária como faz a extrema direita, mas a vê-la como uma bússola que aponta para um mundo de justiça, paz e solidariedade. É preciso respeitar as espiritualidades – no plural – e produzir, com elas e a partir delas, valores como bondade, misericórdia, compaixão, afeição pela vida e pela dignidade humana.

Creio que a esquerda é um referencial teórico que precisa ser permanentemente reinventado para não se tornar engessado, pesado, amargurado e mastodôntico como se tornaram muitas experiências religiosas. A esquerda precisa ser pé no chão se quiser mudar as condições de vida do nosso povo hoje. Tem de dialogar, pactuar, tem de agir na institucionalidade, mas entendendo a correlação de forças, os limites da conjuntura e os avanços possíveis em cada situação. Sermos revolucionários não nos tira das urgências e características do tempo presente.

Meu desejo, porém, é ser mais radical que a esquerda. “Como assim?”, me perguntam. A resposta é: porque sou cristão. O evangelho me pede uma radicalidade de amor que a esquerda não exige. Qualquer projeto humano, por melhores que sejam seu desenho teórico e sua projeção de mundo, pode se tornar autoritário se não tiver humildade, coração compassivo e amor. Nos momentos mais populares da caminhada de Jesus, as multidões quiseram fazer dele seu rei. Sua resposta diante do arrebatamento popular foi se afastar e buscar a solitude. A sedução do poder, do caminho mais fácil, descaracterizaria o sentido mais profundo de sua vida e mensagem. Se o projeto dele estava sujeito a isso, quanto mais os nossos. Dessa forma, sustento que qualquer iniciativa humana – inclusive a da esquerda, com a qual me identifico –, sem autoconsciência e poder compartilhado, tem potencial para produzir morte em nome de uma verdade supostamente libertadora. Não há projeto que seja isento de crítica, revisão e transformação. O melhor sonho para o mundo será opressor se não rejeitar a arrogância e construir caminhos coletivos.

SOBREVIVER: UM ATO POLÍTICO

ERIKA HILTON

Em todos os anos de democracia, meu corpo é o primeiro corpo travesti a ocupar um espaço na Câmara dos Deputados. Minha presença ali é uma denúncia da fragilidade do processo democrático e da marginalização a que corpos como o meu são submetidos.

Foi minha história que me levou ao lugar que ocupo hoje; na verdade, eu nunca quis me envolver com a política. Eu queria ser modelo, apresentadora de TV ou, melhor ainda, cantora pop, bem diva, tipo Beyoncé. Minha avó disse que eu, quando criança, falava que seria presidente do Brasil. Coisa de criança, né? Provavelmente, no dia seguinte, falei que queria ser astronauta.

Mas entendo que a política se tornou o destino inevitável da minha trajetória. Sou uma travesti negra, que cresceu na periferia e viu a dificuldade das mulheres que estavam em volta dela, em sua própria família. Depois, nas ruas, conheci de perto a miséria humana. Foi aí – quando perdi tudo e me vi abandonada, um corpo abjeto na sociedade – que percebi que minha história ressoava com muitas outras. Eu ter sido lançada na rua não é apenas um episódio da vida privada da minha família, mas a maneira cristalizada de a sociedade lidar com corpos trans, com a comunidade LGBT, com os grupos dissidentes de modo geral. Todos os dias, famílias expulsam pessoas trans de casa porque o fundamentalismo invadiu a sociedade para dizer que a transexualidade é errada, imoral, proibida. E quando essas pessoas são colocadas para fora de casa, não encontram amparo na sociedade, porque a política, também dominada pelo fundamentalismo, se organizou para roubar e negar seus direitos, para dizer que não merecem acolhimento, postos de trabalho, atendimento médico, segurança pública, respeito, cuidado. São seres indignos também da proteção do Estado.

Olhando esse lugar e *deste* lugar, experimentando essa vivência, vendo o quanto o Estado nos agride e nos odeia, o quanto minha história não é só minha, mas de várias outras; vivendo com essas mulheres, vendo suas lágrimas, seu desespero, seu mergulho nas drogas para fugir da realidade – diante de tudo isso, ficou visível para mim que nossa situação não se tratava apenas de preconceito, mas de um projeto violento de poder e morte, articulado e organizado na própria política com o objetivo de expurgar a sociedade de pessoas como eu.

Encontrei a dor da rejeição no meu próprio corpo e, com ela, a consciência de que eu precisava ser forte para combater o destino que haviam traçado para mim. Ao ver meus sonhos sendo roubados um por um, minha única saída era lutar para garantir a vida. Foi assim que a política se desenhou na minha trajetória.

Talvez meu primeiro ato político consciente tenha sido a revolta. A prostituição não era a carreira dos meus sonhos, mas foi a opção que tive, aos 14 anos, para me sustentar nas ruas. Cheguei sem o menor conhecimento do que era homem, mulher, sexo, política, direitos. Saí de uma casa em que a gente assistia à *Hebe* na hora de dormir e fui arremessada em uma realidade na qual entrava, de noite, no carro de um estranho e ia para o mato sem saber se voltaria algumas horas depois. E muitas de minhas amigas não voltavam. Isso gerava em mim uma revolta – talvez ingênua, sem muito conteúdo nem referência, mas que era eloquente e incômoda. Eu dizia às meninas: "A gente não pode aceitar esse tipo de tratamento! A polícia não pode fazer isso com a gente". Questionava: "Como assim, mais uma morreu? Morreu por que, de que maneira?". Ali, na rua mesmo, nasceu uma minimilitância.

Anos mais tarde, quando retornei à minha vida familiar e tive segurança e estabilidade para retomar meus estudos, minha militância ganhou forma. Eu acessava textos ativistas na internet, que me ensinaram a nomear as violências praticadas contra mim. Não falo somente de violências físicas, mas também das violências sociais às quais minha identidade e meu corpo trans foram submetidos. Na internet, conheci a história de pessoas trans lutando pelos nossos direitos. Revi minha vida no depoimento de outros corpos que brigavam para mudar uma realidade que era nossa.

Senti, então, a urgência de também falar, de me posicionar e fazer alguma coisa. Eu morava com minha mãe em Itu, e, na época, a cidade era carente de movimentos sociais.

A maioria dos jovens saía para estudar em São Carlos, como acabou sendo o meu caso. Mas, ainda em Itu, a militância foi se desenhando como uma ânsia desesperada por fazer da minha história e da minha dor algo exemplar, capaz de mudar a sociedade. Foi nessa época e com esses sentimentos que fiz minha primeira aparição pública como militante: movimentei um abaixo-assinado contra uma empresa de ônibus de Itu que se negava a utilizar meu nome social na carteirinha de vale-transporte escolar.

No instante em que pisei na rua como travesti, em Francisco Morato, cidade em que cresci, as bichas me fizeram mudar de nome. "Seu nome não tem axé, não vai dar nada! Tem que trocar!" Concordei e disse que ia pensar em alguma coisa, mas elas insistiam: "Nãããão! Vai trocar agora!". Entrei em pânico e escolhi "Erika", rapidamente. Agora faltava o sobrenome. Uma das amigas que fiz em Francisco Morato, que me acolheu e me deu muito suporte, tinha o sobrenome "Houston". Eu disse que seria "Houston" também, mas ela surtou. "Como assim, sua viadinha? Tá chegando agora e quer ter o mesmo nome que eu? Nada disso." Fiquei desolada, pois não conseguia pensar em outra opção.

O lance do sobrenome surgiu um tempo depois na casa de uma tia que vivia também em Francisco Morato. Desenvolvi uma relação muito próxima com ela porque seu núcleo da família se manteve aberto a mim, enquanto outras tias me abandonaram. É daí, aliás, que veio o nome "Erika": o nome de uma prima com quem desenvolvi uma ligação muito forte. Um dia, a Erika, meu tio e eu começamos a discutir opções de sobrenomes. Não lembro quais eram os outros, mas alguém sugeriu "Hilton", e ele foi o vencedor.

Pois bem, eu queria o direito de usar "Erika" na minha carteira do vale-transporte escolar em Itu, mas a empresa negou meu pedido duas vezes. Na época, eu não tinha os documentos retificados com meu nome social, porque nossa comunidade só adquiriu esse direito em 2018, quando o STF decidiu que pessoas transgênero poderiam alterar o nome e o gênero no registro civil diretamente no cartório, sem necessidade de cirurgia de redesignação sexual, laudos médicos ou autorização judicial. Mas estávamos ainda no começo da década de 2010, e o meu recurso era ir ao balcão da companhia e explicar, de forma bastante transparente, que eu era uma mulher trans e queria usar o nome social no cartão. A funcionária que me atendeu se mostrou solícita, mas, cinco minutos depois que saí, ela telefonou me chamando pelo meu nome civil. Vi que não poderia contar com a mínima boa vontade da empresa. Apelar ao Ministério Público, por outro lado, se mostraria terrivelmente lento. Fiz, então, um abaixo-assinado on-line, me baseando no Decreto Estadual n. 55.588, de 17 de março de 2010, que garantia o uso do nome social por pessoas trans e travestis em serviços públicos estaduais. Em um mês, recolhi mais de 6 mil assinaturas. O caso repercutiu, a empresa voltou atrás e emitiu a carteirinha com meu nome: Erika Hilton.

Eu não fazia a menor ideia do quanto aquela luta e a minha vitória seriam emblemáticas. Eu era uma mera travesti de Francisco Morato que tinha voltado para a casa da mãe em Itu, mas o caso repercutiu tanto que, da noite para o dia, repórteres de outras cidades me telefonavam querendo saber "a história da transexual que...". A plataforma em que fiz o abaixo-assinado me chamou para participar de um evento na cidade de São Paulo, e lá pude compartilhar como montei a petição e usei a plataforma. Essa foi a minha primeira fala pública. Na sequência disso tudo, o PSOL, alguns meses depois, me convidou para me filiar ao partido.

O passo seguinte da militância aconteceu na universidade. Concluído o EJA, fui para a Universidade Federal de São Carlos (UFSCar) estudar Gerontologia, a ciência do envelhecimento. O assunto me interessou porque nós, trans, não envelhecemos. Não é uma questão de colágeno, é de precariedade mesmo. Nossa expectativa de vida no Brasil é de 35 anos, contra os 75 anos da média nacional. Há diversos fatores para isso, como violência, discriminação, marginalização social e dificuldades de acesso a serviços básicos. Hoje, há pesquisas em andamento para conhecer os desafios e necessidades de pessoas trans com mais de 45 anos.[9] Há uma enorme deficiência de projetos de saúde, prevenção de doenças, estudos médicos e coisas do tipo voltados para a população trans. Eu me preocupava com essas questões e escolhi a Gerontologia para desenvolver ciência e pesquisa sobre o assunto.

Na UFSCar, conheci o movimento estudantil e passei à militância de fato. Lá fundei, com algumas colegas, um cursinho pré-vestibular para travestis e transexuais. Entendi que era necessário e urgente que nos organizássemos para ocupar os lugares que queríamos. A gente precisava ser a protagonista da vida que desejava construir, e seria ingenuidade achar que a política institucional se moveria em nosso favor.

---

9 Um deles é o Traviarcas, realizado pela Antra (Associação Nacional de Travestis e Transexuais).

Enquanto não acessássemos os espaços institucionais, não apenas na manifestação, mas na ocupação legítima de cargos, as pessoas que ocupavam aquelas cadeiras não se preocupariam conosco.

Foi também no movimento estudantil que adquiri mais consciência da minha negritude. Sou uma mulher negra de pele clara, neta de um homem retinto. Mas, mesmo tendo crescido em uma família que teve toda a vivência típica de pessoas negras, o assunto não era debatido na minha casa. Essas descobertas e pautas se alinharam dentro de mim, e fui me projetando, pouco a pouco, como representante dos grupos com os quais me identifico – mulheres, pessoas negras, LGBTs.

A posição que ocupei nasceu da compreensão de que precisávamos de alguém para nos representar. Uma das nossas; não alguém que simpatizasse com a nossa causa, mas que falasse do nosso lugar. Fui me apresentando como essa pessoa, ganhando consciência de que eu precisava também ter atividade política para ser uma voz que facilitasse acessos e desse maior visibilidade às nossas lutas. Notei, ainda, que minha história estabelecia um canal de conexão com outras meninas. A partir dessas percepções, organizei minha militância, que passou a ser por direitos: o direito das mulheres, dos negros e de LGBTs.

Em 2018, abandonei a graduação para tomar posse como codeputada estadual da Bancada Ativista do PSOL. Aquele foi o primeiro mandato coletivo do estado de São Paulo. Na teoria, o modelo permitiria que diversos ativistas compartilhassem um mandato, ampliando a representatividade de diferentes causas no legislativo. Na prática, porém, foi uma catástrofe. Mas reconheço que a experiência foi importante para me projetar publicamente e construir minha trajetória solo. Dois anos depois, eu inaugurava meu primeiro mandato como vereadora em São Paulo, a mulher mais votada do Brasil naquelas eleições.

Fiquei muito nervosa ao pisar pela primeira vez na Câmara de Vereadores de São Paulo. Eu me sentia insegura, pensando: "Meu Deus, será que eu vou saber o que fazer aqui?". Logo no começo me enganei em algumas declarações, e virei motivo de chacota na internet. Nada disso, porém, me parou. Eu já havia resistido às ruas; a política não iria me derrubar. A sobrevivência é meu maior ato político. E logo eu estava na Câmara dos Deputados, a primeira trans negra a ocupar o cargo, totalmente destemida, com sentimento de vitória. Cheguei ali estreando um lugar de defesa de direitos.

Mas ainda não considero que aquele seja o meu lugar. A política brasileira é um lugar horroroso, empoeirado, brega. Apesar disso, é o lugar em que eu preciso estar hoje para defender uma agenda de direitos, para trazer aos olhos da sociedade debates que são importantes, para fazer a defesa de muitas pautas que são essenciais, não só para mim ou para os grupos que represento, mas para o Brasil. É fundamental que eu esteja ali, mas aquele não é o *meu* lugar, porque meu lugar é alegre, leve, feliz, composto por gente bonita e sorridente, que acredita na vida e tem esperança. A Câmara está repleta de gente amarga e sombria. A luz dos prédios, aliás, é horrorosa. Se eu fosse presidente da Câmara, trocaria a iluminação. Tiraria aquela luz doentia e colocaria algo mais vivo, mais bonito, mais alegre. Literal e metaforicamente.

Ser a primeira travesti negra a ocupar o parlamento revela que aquele lugar não está, nem uma vírgula, preparado para corpos como o meu. Os políticos tradicionais não se conformam que nós, travestis, rompemos com a prostituição, com a morte, com o cárcere, com a violência, com o abandono, com a rejeição e com a miséria e chegamos a esse lugar, tendo sido eleitas para representar certo grupo da sociedade – um grupo que não é só trans nem só LGBT. As pessoas que choram e me abraçam nas ruas, as pessoas que me mandam longos testemunhos nas redes sociais são também cristãs, avós, madrinhas, mulheres e homens mais velhos que se identificam com a minha luta e as minhas propostas.

Não defendo uma pauta nem uma agenda: eu *vivo* uma pauta e uma agenda. Sei o que é o abandono, a ausência de direitos, o desprezo, a violência, a fome, a prostituição, a precariedade. Conhecendo os desafios que meu corpo enfrentou, luto para construir uma sociedade em que ninguém precise passar pelo que eu passei, só por ser quem é. Eu trabalho por uma sociedade para todos, não só para pessoas trans, pessoas negras ou pessoas LGBT. Eu quero um Brasil justo, fraterno e equânime para todos os brasileiros, em todas as suas expressões. Para que todos vivam em igualdade, fraternidade e acesso a direitos. Um país em que não seja necessário a gente comer o pão que o diabo amassou só porque é bonita – afinal, mesmo as feias não merecem passar por isso.

3

UM CORPO QUE DÓI

NO MEU CORPO, A HISTÓRIA DE MUITAS

ERIKA HILTON

Pessoas trans costumam passar por uma fase chamada de "processo de transição". Em algum momento da vida, ou a partir de determinados eventos, elas se descobrem incomodadas com as roupas que usam (ou que são colocadas nelas), com os papéis que desempenham e por aí vai. Muitas travestis e mulheres trans se descobriram, por exemplo, a partir da arte drag e aí transitaram de gênero.

Acho isso interessante. Eu também gostaria de poder falar sobre o meu processo de transição, mas comigo não aconteceu assim. Eu me descobri travesti muito cedo, o que inclusive trouxe ônus para a minha vida, porque, se eu tivesse passado por um processo um pouco mais lento, em uma idade mais madura, teria sido poupada das violências que enfrentei por volta dos 14 anos de idade. No meu caso, saí da fase viadinha direto para trans, e daí para a rua, penando e comendo o pão que o diabo amassou e pisou em cima.

Mas vamos voltar ao começo. Nasci em Franco da Rocha, região metropolitana de São Paulo, e cresci em Francisco Morato, cidade-dormitório do ladinho de Franco da

Rocha. Eu morava em um sobrado de três andares: na casa do meio, vivia com minha mãe e minha avó. Em cima e embaixo viviam minhas tias e primas.

Tive uma infância muito privilegiada, inclusive do ponto de vista econômico, apesar de ter crescido em uma cidade extremamente pobre. Minha mãe gerenciava uma loja de peças para automóveis e ganhava bem, especialmente em relação às minhas tias, que eram empregadas domésticas. Minha mãe era meu exemplo, o meu tudo. Ela foi mãe solo e, até meus 8 anos, tudo o que a gente tinha era uma à outra. Ela era brincalhona, parceira, amiga, e também o meu maior referencial de feminilidade. Tinha um guarda-roupa gigante, de inúmeras portas, que ocupava uma parede inteira, cheio de sapatos, roupas, bolsas e perfumes. Era uma mulher que vivia trocando de penteados, e eu achava aquilo chiquérrimo. Ela era muito diferente das mulheres daquele território, em especial, das minhas tias.

Minha mãe me mimou muito e, se hoje eu sou insuportável, é por culpa dela. Na infância, tive todos os brinquedos do Gugu e da Eliana que eu poderia querer. Minha mãe me vestia com roupas de marca, nós duas viajávamos e íamos ao shopping nos finais de semana. Sei que fui, e me senti, uma criança muito amada.

Para além desse núcleo menor, eu tive uma família majoritariamente feminina, formada por avós, tias e primas muito empoderadas. Elas, mesmo tendo uma vida difícil e maridos que eram dependentes químicos, tinham uma força gigantesca. Todas as quartas-feiras, se reuniam para fazer cuscuz. Falavam de novela e dos maridos numa gritaria maravilhosa. Eu as ouvia dizerem entre si: "A gente vai, a gente consegue. Ninguém deita a gente, é a gente que deita esses maridos no fim do dia". Essa é a herança genética que carrego. São mulheres que me inspiraram e me deram espaço para ser criativa, para pensar, falar e me posicionar. Apesar de tudo o que me aconteceu mais tarde, a pessoa que sou hoje foi formada pela família que tive.

Entre elas, especialmente entre minhas primas, pude exercer minha feminilidade e fui tratada e educada como menina. Eu colocava os saltos e as roupas da minha mãe, uma toalha na cabeça, para simular um cabelão, e fazia de conta que era a Paola Bracho, personagem da novela mexicana *A Usurpadora*. A casa da minha avó tinha corredores muito longos, então minhas primas e eu passávamos a tarde brincando de desfilar, fazendo de conta que éramos *angels* da Victoria's Secret. Ser quem eu era nunca foi um problema em casa. Talvez pensassem em mim como uma criança estranhazinha, mais "sensível" ou "delicada", mas pude ser a criança viada que fui.

A consciência de quem eu era – ou melhor, as palavras para expressar o que eu sentia em relação a mim mesma, vieram com a adolescência. No começo dos anos 2000, contei a uma prima: "Acho que sou gay". Não me identifiquei como trans porque, na época, o vocabulário disponível era relacionado à sexualidade, ou seja, gays e lésbicas. Não se falava sobre pessoas trans; na verdade, nem a palavra nem a referência com o sentido que se tem hoje existiam. Havia a Roberta Close e a Rogéria, mas nada além delas. E ainda que outros referenciais fossem possíveis, estavam bem fora do meu mundo. Eu era uma criança em Francisco Morato, com acesso apenas à televisão aberta – e nem isso direito, porque minha vó só me deixava assistir ao SBT. O mais perto de transgeneridade que chegava aos meus ouvidos eram as fofocas sobre o amigo do vizinho de não sei quem, sempre envoltas por um tom negativo, mostrando a transexualidade como algo ruim; ou, na melhor das hipóteses, como uma caricatura. A pessoa trans nunca era um ser humano que simplesmente queria viver seus afetos e pagar seus boletos em paz.

Minha prima ouviu minha confissão numa boa. Talvez encorajada pela reação dela, talvez porque aquilo não me parecia grande coisa, decidi falar também com a minha mãe. Subi supertranquila na casa da minha tia, onde as duas estavam com a minha avó, tomando café na cozinha. Falei, como se fosse a coisa mais normal do mundo "Mãe, acho que sou gay", esperando que ela fosse ouvir isso com naturalidade e, em seguida, me mandar brincar com minhas primas.

Mas minha mãe surtou, o que me surpreendeu, porque, até então, ela nunca havia me julgado pelo meu jeito de ser, nem exigido que eu agisse de forma diferente. Penso que aconteceu assim porque, naquele momento, sem que eu tivesse a menor ideia, o fundamentalismo estava rondando a nossa casa.

Gosto de distinguir entre fundamentalismo e religião ou, especificamente entre fundamentalistas e evangélicos, porque o problema não são os evangélicos nem a igreja. Não tenho nada contra a igreja, não tenho nada contra os evangélicos, muito pelo contrário. Cresci num lar evangélico. Minha mãe costumava frequentar igrejas evangélicas desde que eu era bem pequena, e me levava junto. Cantei em coral de crianças e aprendi histórias da Bíblia. Eu me impressionava, acima de tudo, com o jeito de os pastores falarem.

Ficava prestando atenção no que eles faziam e, quando visitava minha avó e tias paternas, que não eram evangélicas, fazia um show para elas, imitando os pastores da igreja. Também brincava de pregar, fazendo minhas primas ficarem sentadas como se fossem minha plateia. Acho até que isso me deu mais desenvoltura para falar em público e improvisar no microfone. O clima evangélico sempre esteve presente em casa e na minha infância.

A questão não são os evangélicos; são os fundamentalistas. Estes são os homens que se valem da religião para pregar ódio, intolerância, preconceito e mentiras; que fazem do púlpito um trampolim para entrar na política e enriquecer. Quem é evangélico de verdade não julga ninguém, porque prega o princípio do amor ao próximo, ensinado por Jesus. Conheço uma porção de pessoas que são cristãs e não são odiosas. O fundamentalista não é assim. Ele se diz "evangélico" ou "católico" ou qualquer outra coisa, mas está no seu palanquezinho para pregar ódio e massacrar quem pensa diferente.

Durante a minha infância, minha mãe tinha visitado várias igrejas, mas nunca encontrou uma para chamar de "sua". Na época em que lhe contei que eu era gay, ela, por algum motivo, havia se afeiçoado da Congregação Cristã do Brasil e se tornava mais assídua. Essa é uma denominação mais conservadora, não muito conectada às igrejas evangélicas de outras denominações. A comunidade específica que nós frequentávamos era até mais rígida: tocar um hino no violão era abominável!

Imagine, então, o que significava ter uma filha trans.

Minha mãe foi culpabilizada por ter "deixado" eu ser quem era. Como ela me deu uma infância muito feliz, me deixando brincar de boneca, de casinha, de Paola, sem castigos nem repressão, foi condenada pela igreja. Disseram-lhe que ela tinha deixado a porta aberta para o demônio entrar em casa e em mim. O meu destino eterno, que obviamente seria o inferno, era responsabilidade dela. Isso era o tipo de coisa que lhe diziam, semana após semana, e, claro, ela foi ficando um pouco bitolada. Nunca havia sido um problema eu expressar meu gênero da forma que bem entendesse, mas, agora, ser a pessoa dissonante que eu havia me tornado era um problema para que nós fôssemos aceitas naquela comunidade.

Então, quando eu cheguei no meio do café em que estava com minha tia e minha avó e disse “Mãe, sou gay”, ela teve seu pequeno surto e me deportou de Francisco Morato para Itu, no interior de São Paulo, no mesmo instante.

Em Itu viviam uns tios ultraconservadores. O impulso da minha mãe em me mandar para lá, da noite para o dia, foi o de me afastar da escola e dos amigos que, para ela, eram má influência. Mal sabia ela que era eu quem influenciava a escola inteira. Além disso, talvez ela tenha achado que o ambiente horroroso da casa dos meus tios daria um jeito em mim.

Naquela casa não tinha rádio, televisão, jornal nem livro. Era só igreja, igreja, igreja. Ironicamente, cheguei lá carregando um exemplar de *Advogado do diabo*, livro que eu estava lendo naquele momento. Como era de se esperar, me tiraram o livro. Só eles poderiam falar do diabo ali. Liam para mim passagens bíblicas violentas, totalmente descontextualizadas, acerca do juízo divino e diziam: “Olha o que vai te acontecer se você continuar assim”.

Foi uma fase tristíssima e cruel. Sem aviso prévio, perdi minha escola, meus amigos e, principalmente, minha mãe. A gente nunca tinha ficado longe uma da outra. Mas – para você ver como o fundamentalismo é perigoso –, por causa das palavras de violência e culpa que atiraram contra ela, minha mãe me expulsou de casa pela primeira vez.

Para ganhá-la de volta, eu precisava performar. E performei. Vendo o quanto minha mãe sofria, me converti na tentativa de experimentar a cura. Fui batizada e me envolvi com todas as atividades: ia para a igreja de manhã, de tarde, de noite, de madrugada. Eu pregava e me tornei reconhecida entre as pessoas da igreja pelas minhas habilidades, sendo convidada para fazer a oração no microfone e dar a palavra. Nessa conversão, tudo pareceu se resolver. O diabo, o demônio e todos aqueles nomes horrorosos que usavam para me descrever haviam sido vencidos. Só que, claro, nunca existiu demônio. Não se muda quem se é. Por isso, terapias de conversão sexual e de gênero são tão perigosas, criminosas e mentirosas. Na verdade, você aprisiona a pessoa em uma vida fictícia; mata a subjetividade, enjaula a pessoa e a condena a interpretar um papel infeliz para sempre.

Em algum momento desse processo, minha mãe foi para Itu. Moramos com meus tios por um tempo, até ela alugar um apartamento e recomeçarmos a vida na cidade. Ali, afastada da nossa família maior, e envolta por uma atmosfera fundamentalista, minha mãe se tornou radical. E eu não aguentei por muito tempo. "Não é para mim, mãe, vou ter que retomar aquele velho plano." Eu saí da igreja e reafirmei minha identidade como pessoa trans. Ela perdeu a cabeça. Na verdade, ficou aflita. Voltar ao velho plano, para mim, era voltar ao inferno. Assim, por causa do que as pessoas da igreja lhe diziam, ela, num gesto desesperado de amor materno, tentou "corrigir" as coisas. Foi quando ela me colocou para fora de casa pela segunda vez.

Não lembro aonde fui de imediato. Lembro-me de ter ficado na rua por algumas noites, chegando ensopada na escola na manhã seguinte porque havia chovido de noite. Uma colega chegou a me levar para a casa dela. Tomei um banho e ela me emprestou algumas roupas. Mas a mãe dela não me deixou ficar lá: "Você é menor de idade, não posso deixar você aqui. Você precisa voltar pra casa ou procurar o conselho tutelar, procurar a polícia". Claro que eu não procurei nada. Fui para a casa de um, para a casa de outro. Às vezes, voltava para a casa da minha mãe, em especial para ver minhas irmãs, de quem eu cuidava desde recém-nascidas, e pelas quais eu tinha um carinho enorme. Mas como eu não havia "mudado", como minha mãe esperava, acabávamos discutindo, e eu ia para a rua de novo.

Obviamente, saí da escola, porque eu não tinha a menor estabilidade para continuar meus estudos. Eu precisava comer, trocar de roupa, achar um lugar para passar a noite. Foi assim que, sem opções, me envolvi com a prostituição. A princípio, não era prostituição propriamente dita, mas programas que envolviam desejos, fetiches e sexualização de crianças e adolescentes – uma questão de pedofilia. Nesse primeiro contato com o sexo, percebi que homens preferiam o corpo de travestis mais jovens.

Minha profissionalização como prostituta aconteceu de fato em Francisco Morato, para onde eu ia vez ou outra. Ali estava minha família maior: avós e tias maternas e paternas.

Algumas me acolhiam, outras foram se afastando, até desaparecerem no horizonte. Em uma dessas idas para Francisco Morato, procurei o lugar onde ficavam as travestis que se prostituíam. Contei minha história, e elas me acolheram. Com o passar dos dias, me dei conta de que a maioria daquelas meninas tinha uma história parecida com a minha, às vezes, até pior. Algumas relatavam episódios de abuso e agressões na infância, algo que nunca sofri. Eu havia crescido com um referencial de humanidade, afeto, proteção e família. Essa base foi fundamental para mim, porque a rua nos trata com muita violência.

Na rua, ou você amadurece, ou morre. Eu obrigava meu cérebro a não me sabotar. Aos 16 anos, entrava no carro de um cliente e era levada para o meio do mato, sem saber se voltaria viva. Se eu não projetasse o olhar para mais adiante, repetindo o que eu ouvia na cozinha de casa, "Eu vou, eu consigo. Ninguém me deita, eu é que deito os outros", iria me foder na primeira esquina, porque alguém me mataria. E não falo de uma morte subjetiva. É a morte da facada, da bala, do carro do cliente. Não tinha outra saída senão me empoderar, me fortalecer e dizer a mim mesma: "Você cai, mas você levanta!".

A base familiar que tive, a infância feliz que experimentei, permitiram que eu não me afundasse na marginalidade, na violência, nas drogas e em tudo o mais que envolve as esquinas e a noite. Minha mãe sempre me empoderou, jogou minha autoestima lá em cima, me encheu de energia e me fez acreditar que era possível. Então, mesmo quando perdi tudo, quando minha família me disse que eu era nada, quando eu só tinha a prostituição como alternativa, me mantive ancorada no amor e nos valores que havia recebido na infância. Apesar de estar na rua, eu sabia o que era ser humana, respeitada e validada. Isso me deu a possibilidade de afirmar: "Eu não vou sucumbir aqui. Esse não pode ser meu fim. Eu não posso existir só nesse lugar cruel, desumano, precário".

E não sucumbi. Voltei ao meu lugar quando minha mãe, sendo a mulher maravilhosa que sempre foi, se deu conta de que tinha feito uma grande merda.

Ela conta que foi Deus que abriu a mente dela. Em suas orações, o Deus em que ela acredita e a quem serve – um Deus de amor, bondade e perdão – dizia: "Rosemeire, isso não está certo. Você não pode ficar sem notícia da sua filha. Não pode ficar aqui, desesperada e angustiada, e sua filha na rua, passando sabe-se lá o quê. Isso não é o que eu quero". Ela mesma se questionava: "Que Deus é esse que eu quero amar, que evangelho é esse que eu quero seguir que me manda tirar minha própria filha de casa?". Sozinha, sem informação, sem militância e sem abrir mão de sua fé, ela se deu conta de que havia caído num conto do vigário e de que tinha sido levada a fazer uma das maiores crueldades que uma mãe poderia atentar contra um filho ou uma filha. Ela foi atrás de mim e me resgatou. Minha mãe me buscou, me encontrou, me levou para casa e me disse: "Essa é sua família, sua casa. Amamos e respeitamos você do jeito que é. Queremos vê-la bem e feliz".

Não precisei perdoar minha mãe, porque não foi ela quem me jogou na rua. Quem fez isso foi o fundamentalismo, em nome de um falso deus. Ela havia sido vítima tanto quanto eu. Minha mãe não havia agido em nome de suas convicções quando me expulsou de casa. Pelo contrário: aquilo em que ela realmente acreditava foi o que a fez me resgatar.

Na festa de lançamento de *Corpolítica* – um documentário a respeito da representatividade LGBT na política brasileira –, uma menina me contou que, por causa da minha história, a mãe dela a aceitou e passou a compreendê-la de outra forma. Apesar do tom trágico, a história com a minha mãe tem dialogado com as trans e suas mães. Pessoas que não conversavam mais com a mãe me mandam mensagem dizendo: "Voltei a falar com ela por sua causa". Fazer famílias olharem com mais amor para seus filhos LGBTs é, para mim, uma vitória. E não precisei das vias institucionais para isso; a mim, bastou compartilhar minha história.

Por isso, hoje, se eu encontrasse aquela Erika na rua, lhe diria para persistir, acreditar e continuar, porque tudo é passageiro. As coisas horríveis às quais ela está submetida terão um fim, e ela prevalecerá. Mais do que isso: aquilo que ela enfrenta fará dela uma mulher forte, capaz de lutar por outras meninas como ela e de mudar contextos semelhantes. Acredite no seu axé e siga, porque as coisas vão dar certo. E deram.

ONDE A VIDA ACONTECE

PR. HENRIQUE VIEIRA

Na adolescência, ganhei o apelido de "pastorzinho". Era um jeito carinhoso de as pessoas da minha igreja me tratarem. Mas com o apelido, veio também uma responsabilidade: ser uma referência moral e comportamental tanto para os adolescentes como para as famílias da igreja.

Certa vez, nessa época, fui a uma festa de casamento de alguém ligado à nossa igreja. Como todo mundo que estava ali, dancei e me diverti muito. Dias depois, fui chamado para uma reunião no gabinete pastoral. Motivo: dancei muito mal. Brincadeira, mas antes fosse isso. Fui convocado porque eu, sendo líder do ministério de adolescentes da igreja, escandalizei algumas pessoas por ter dançado em público. Eu precisava ser exemplo de "santidade", o que possivelmente significava reprimir os desejos mais espontâneos de um adolescente saudável. Situações como essas me levaram a desenvolver expectativas ultraconservadoras sobre meu próprio comportamento. Eu me enclausurei numa santidade extraterrestre para conter qualquer impulso que, na perspectiva conservadora da minha igreja, fosse considerado "pecado".

Uma espiritualidade mais ampla pede um corpo mais livre. Um corpo disponível para ouvir, conversar, dançar, comer em comunhão, caminhar ao lado. O corpo de Jesus era livre. Ele comeu com os odiados coletores de impostos, conversou com uma mulher de uma cultura inimiga, aceitou o toque e a homenagem de outra mulher de reputação duvidosa. Jesus se movia livremente entre esses lugares e essas pessoas porque não carregava no corpo as amarras da religião.

Acredito que a repressão ao corpo, em especial ao sexo, é uma medida do fundamentalismo religioso contra a liberdade. Um corpo livre é um perigo para a religião fanática. Para a espiritualidade genuína, interessada na plenitude da vida, a liberdade é uma dádiva, desde que mediada pelo amor. A repressão ao sexo é fonte de violência, hipocrisia, moralismo farsante e muita doença psíquica. A gente poderia trabalhar o sexo como beleza, como possibilidade, como potência, como prazer. Poderíamos partir do pressuposto de que sexo é bom, e então conversar para que seja praticado com ética, pensando em lealdade, cumplicidade, cuidado consigo e com o outro. Mas a repressão é tanta, o tabu e a interdição duram tanto tempo que, mesmo depois do casamento, alguns casais não conseguem desfrutar das relações sexuais. A assinatura no cartório libera o ato, mas o corpo não está pronto.

A repressão sexual desemboca facilmente na repressão da sexualidade. Estou pastoralmente cansado de ver pessoas sofrerem por isso; de ver adolescentes expulsos de casa por essa mesma causa; de ver pessoas querendo se matar porque não atingem os ideais de uma religião que sacrifica vidas para resguardar dogmas.

A construção teológica da qual faço parte celebra a diversidade sexual não apenas como direito de cidadania, mas como bênção. Nada é mais importante do que o amor. Para mim, o que qualifica uma relação não é se ela é hétero ou homo, mas se está baseada em respeito, ética, encontro, cumplicidade, mutualidade e amor. Realmente acredito que amor, convivência respeitosa e leal, cuidado e carinho são a ética que importa. Considero justa toda forma de amor. Todo amor provém de Deus, e não creio que o amor, tampouco Deus, sejam monopólio dos heterossexuais.

Os textos bíblicos que, de alguma forma, proibiam a prática homossexual na época – uma prática que não equivale à noção de orientação sexual que temos hoje – precisam ser lidos em seu contexto. Acho profundamente violento retirar qualquer texto bíblico de seu momento histórico e impô-lo como verdade absoluta a milhares de pessoas. Não posso, a partir do texto bíblico que for, tentar domesticar a sexualidade de alguém. O ser humano não foi feito para ser escravizado por um texto. É o texto que tem de se adequar à demanda justa do ser humano.

Jesus ensinou e fez isso durante sua vida, confrontando os guardiões do texto sagrado. Ele demonstrou que a verdade absoluta que lhe importa, e pela qual vive, é a ética relacional do amor. Um dos grandes pontos de disputa com os religiosos de sua época era a questão do sábado. O sábado é o dia do descanso, o dia mais sagrado da semana judaica. O princípio do sábado é belíssimo: se Deus descansou, nós também temos direito sagrado ao descanso. De tão sagrado, o descanso virou lei! Mas, nos dias de Jesus, o fundamento do descanso havia sido esquecido, restando apenas a lei. E milênios de esquecimento foram somados às muitas emendas não para definir o direito, mas a *violação* ao descanso. Estudiosos estimam que mais de 1,5 mil emendas foram feitas à lei do sábado para determinar o que poderia ser feito ou não nesse dia.

Uma dessas emendas se referia ao tratamento de doentes. Cuidados terapêuticos, como preparar um chá ou aplicar compressas frias para baixar a febre, só eram permitidos em caso de vida ou morte. Eis que Jesus, em um sábado, entra em uma sinagoga e vê uma mulher que estava enferma havia dezoito anos, tomada por uma doença que a fazia andar encurvada. Não era, de modo algum, um caso de vida ou morte. Mas Jesus sabia que ela, em todo aquele tempo, não tivera a possibilidade de desfrutar de um único dia de descanso, porque ela carregara, não apenas no sábado, mas em cada instante de todos aqueles dezoito anos, o estigma, a dor, o desconforto e as limitações da doença. Dezoito anos sem olhar ninguém nos olhos, sem ver um céu estrelado, sem, talvez, segurar uma criança no peito. Sem receber um abraço.

A mulher não pede nada, ela só está ali, ouvindo. É Jesus quem a chama para a frente, impõe as mãos sobre ela e diz: "Mulher, você está livre da sua doença" (Lucas 13:12).

Havia líderes religiosos presentes ali. Muitos deles seguiam Jesus como *haters*, de olho no que ele faria ou diria para o criticarem ou, como acabou acontecendo, para encontrarem justificativas para o condenarem à morte. Esses homens ficaram escandalizados com Jesus porque ele curou no sábado uma mulher que não corria risco de morte. Para eles, o mais importante era guardar a lei, guardar o sábado. Mas para Jesus, não. Ele diz assim, na lata: "Hipócritas!

Cada um de vocês não desamarra no sábado o seu boi ou jumento do estábulo e o leva dali para dar-lhe água? Então, esta mulher, uma filha de Abraão a quem Satanás mantinha presa por dezoito longos anos, não deveria no dia de sábado ser libertada daquilo que a prendia?" (Lucas 13:15-16).

Jesus se negou a manter a literalidade do texto e, com isso, escravizar o ser humano. Ele escolheu olhar para a mulher que sofria à sua frente, considerar sua história, sua verdade e sua justa demanda, e reinterpretou o texto. Ele resumiu essa ideia dizendo: "O sábado foi feito por causa do homem, e não o homem por causa do sábado" (Marcos 2:27).

Tal qual Jesus, não acho que o ser humano exista para o sábado nem para a lei. É a lei, o sábado, a referência, a tradição, os valores sociais que precisam, gradativamente, se converter à dignidade humana e às suas demandas. Prefiro ficar com Jesus e seguir a lei do amor, que liberta o corpo da escravidão da lei moral e lhe permite descanso.

Demorei um pouco para encontrar no corpo essa liberdade que já havia assimilado na mente e experimentado no coração. Eu tinha lá meus dezoito anos de expectativas moralistas nas costas, das amarras do pastorzinho dizendo quando, onde e se eu poderia dançar.

Em janeiro de 2015, com 27 anos, me inscrevi em um curso livre de palhaçaria na Casa das Artes de Laranjeiras, no Rio de Janeiro. Fui muito despretensiosamente, pensando apenas em ocupar o tempo livre das férias, mas foi amor à primeira vista. Um alimento para a alma. Mergulhei na arte do palhaço e fiz um curso mais profundo com a Cia. AristoClowntas, também no Rio, de um ano e meio de duração.

Uma das principais atividades do curso é a criação do seu próprio palhaço. E a matéria-prima do palhaço é o próprio artista. Esta é a magia do palhaço: ele não é um personagem, ele sou eu, só que livre. Sou eu aceitando e, até mesmo, elogiando meu próprio ridículo. Sou eu acolhendo minhas fraquezas. É a radicalização da minha singularidade. Por isso o palhaço se expõe, sem medo. Seu nariz, que é considerado cenicamente a menor máscara que existe, não tem o propósito de esconder, mas de revelar. O palhaço é um artista que se oferece a uma história, sendo ele mesmo.

Colocar o nariz de palhaço foi a licença sagrada de que eu precisava para, finalmente, libertar meu corpo do fundamentalismo; para abraçar minhas vulnerabilidades e esquisitices. Para dançar numa roda de samba ou em um encontro social sem ter a menor coordenação ou vocação para isso. Poder liberar meu corpo para ser leve e para brincar, sem culpa moral nem preocupação performática. O palhaço me permitiu assumir a vulnerabilidade e reconhecer que não tenho as respostas. Ser um pastorzinho aos 16 anos, em um ambiente conservador, significava ter resposta para tudo, mesmo sendo adolescente. Mas como pastor-palhaço, posso admitir que tenho, talvez, mais perguntas do que respostas a respeito de Deus e da Bíblia. Posso aceitar que não sou perfeito, não me isentando, é claro, de responsabilidades, mas também sem me culpar por simplesmente ser humano. Posso abraçar o direito à dúvida, à fraqueza, à falta de fé, à impaciência, ao cansaço físico, emocional e espiritual, ao erro e à possibilidade de recomeçar.

Ganhei licença para ser quem eu era e recriar, em mim, o que eu desejasse. Assim nasceu o Rabiola, meu palhaço. Ou seria melhor dizer: Rabiola, o *eu* palhaço. Rabiola de pipa, que vai com o vento. Ele me devolveu a leveza infantil que eu havia perdido com o fundamentalismo. Ele resgatou o menino sequestrado pelo "pastorzinho". A arte do palhaço aprofundou e ampliou a minha espiritualidade, libertando meu corpo para estar mais pronto, disponível, disposto e desejante da pluralidade, da diversidade e dos encontros que a minha teologia me apresentava. Literalmente incorporei aquilo que já estava na minha cabeça.

O corpo precisa ser livre porque é no corpo que a vida acontece. O Jesus dos Evangelhos não é só uma ideia: é um corpo. Um corpo da periferia, um corpo vigiado, um corpo ameaçado de morte, um corpo expulso do templo, um corpo levado à tortura. É também um corpo que abraça, que pega criança no colo, que toca os marginalizados, que parte o pão, que serve o vinho. O corpo do palhaço, o corpo negro, o corpo feminino, o corpo trans, o corpo indígena, o corpo pobre – todos esses corpos precisam ser protegidos, defendidos e autorizados a habitar os mais diferentes lugares para que haja vida.

O palhaço que deu o golpe fatal no fundamentalismo. Minha pastoral, então, foi para a rua, para o povo, para os direitos humanos. O pastorzinho construiu seu próprio caminho. Fui o frei dominicano torturado de *Marighella*, o Jesus negro da Mangueira, o poeta ao lado do Emicida no Lollapalooza. O palhaço me ensinou a dizer: "Sim". Mostrou que a vida requer responsabilidade, mas que também dá para brincar. Dá para viver com mais leveza e beleza. É curioso que alguns deputados fundamentalistas me chamem de palhaço. Nisso eles têm razão: sou mesmo! E vai ser com arte, brincadeira, infância, cultura e palhaços que derrotaremos a política do ódio no Brasil.

4

POR QUEM LUTAMOS?

POR UMA POLÍTICA POP

Erika Hilton

Minhas vivências anteriores me convenceram de que, historicamente, a política tem sido ocupada por gente que não tem a menor responsabilidade com pessoas como eu. Até poucos anos atrás, a população trans era invisível. Sentenciadas à prostituição compulsória, pessoas trans eram seres da noite; se eram encontradas pela manhã, não passavam de corpos sem vida. Para que surgissem políticas públicas que protegessem nossos direitos e atendessem às nossas necessidades, foi preciso que nós mesmas, pessoas trans, ocupássemos outros lugares públicos além das ruas e dos presídios.

Não culpo pessoas específicas. Quando falo contra a branquitude, a heteronormatividade, o fundamentalismo, o patriarcado e o racismo, não me refiro a uma pessoa em si, embora essas expressões de poder tenham seus representantes, apoiadores e divulgadores. Ainda assim, minha luta não é contra subjetividades nem pessoas específicas, mas contra sistemas de poder articulados nas sombras que dominam e desumanizam o povo. No fim do dia, luto contra tudo o que representa e promove desigualdade, fome, medo, ódio, insegurança e ataques – sejam à democracia, aos direitos, às minorias, às identidades ou aos territórios. Eu luto contra estruturas sociais de poder que beneficiam certas pessoas e causam morte a tantas outras.

Minha luta não é resultado de reflexões, de ideais ou de livros que eu li. Ela nasceu da minha própria história. Sou a parlamentar que sou hoje apenas porque dormi no chão da rua. Porque entrei no carro de homem estranho. Porque vi as portas da minha casa se fecharem para mim. Carrego isso comigo não para me vitimizar, mas para afirmar que o que fizeram contra mim, não farão mais, nem contra mim, nem contra mais ninguém.

Minha trajetória fez de mim uma mulher politizada, mas nunca me imaginei na política institucionalizada. Na rua, desenvolvi um olhar para os desafios da sociedade e para a maneira como ela se organiza. Quando retomei meu lugar na minha família e me envolvi com o movimento estudantil, eu me engajei nas pautas da negritude, do feminismo e do movimento LGBT. Mas, naquela época, eu era ingênua e imaginava que política não era para mim. Foi apenas quando me dei conta de que minha voz falava por muitas e de que eu poderia representar tantas pessoas como eu que a política se apresentou não como possibilidade, mas como obrigação. A política me chamava – ou melhor, uma revolta absurda, que eu tinha dentro de mim e que carrego até hoje, me movimentou, e me pareceu natural, quase inevitável, ocupar esse lugar do partido e dos debates públicos. Se eu não estivesse ali, outros estariam, e, muito provavelmente, como tem sido historicamente, os políticos ocupando esses espaços seriam contrários a mim, perpetuando a lógica de humilhação, opressão e desigualdade contra as minorias.

Apesar de ter sido um processo natural, não deixou de ser difícil, porque a política institucionalizada anulou, a princípio, muito de quem eu era. Quando fui eleita vereadora em São Paulo, mesmo sendo a mulher mais votada do Brasil, cheguei na Câmara com uma sensação de não pertencimento. Eu, uma mulher, negra e trans, jamais seria respeitada pelo costumeiro bando de homens brancos que ditam a política desse nosso país. Por causa deles, talvez, sempre pensei na política como um lugar sisudo e careta – e quem sabe não era por isso que eu não me via ali. Em um primeiro momento, achei que precisava me encaretar para ser respeitada, e foi o que eu fiz. Esse pensamento se mostrou até legítimo porque, com ele, adotei a postura necessária para mostrar aos meus colegas que eu sabia o que estava fazendo.

O que fiz foi tentar me encaixar no papel de mulher quadrada, cafona, cabelinho comportado, sem maquiagem, nada fashion. Mas isso roubou minha identidade, a essência verdadeira da Erika. Eu não sei ser uma personagem. Um dia, abri meu guarda-roupa e não me reconheci mais nas roupas que estavam ali. Era só tailleur, risca de giz, blazerzinho, blusa fechada até o pescoço. Eu me perguntei: "Quem é essa mulher? Como posso dizer para as pessoas que irei representá-las, que elas podem confiar em mim, que estou aqui por elas, se eu não sou o que sou? Se sou só uma personagem?".

Fui recuperando minha autenticidade. Eu me conectei com a minha criança, com a minha essência, com a minha verdade. A política já havia se tornado o *meu* lugar. Não é mais um espaço que preciso hackear, como se não me pertencesse. Pelo contrário: eu pertenço e ocupo lugares políticos, e não me sinto mais intimidada pelos homens que *dividem* a política comigo. Embora eles tentem, a todo custo, me fazer pensar que eu sou uma infiltrada, eu carrego a convicção de que esse lugar também é meu. Agora, cabe a mim transformar esse ambiente hostil, violento, masculino, branco e extremamente malvestido em um lugar que tenha mais a minha cara, algo que seja legal, gostoso, jovem, pop, divertido e chiquérrimo.

O *dress code* de Brasília é o pior dos piores. As pessoas são cafonas, sem qualquer preocupação estética. A maldade é feia. Eu não me deixo ser medida por aquele lugar. Mantenho meu *dress code* maravilhoso porque sou uma deputada modelo. Obviamente, sigo um código de vestimenta considerando o que eu acho adequado para o local, mas isso não me impede de ser fashion.

Vestir-me bem, me produzir, escolher cabelo e maquiagem não é mera vaidade. Eu uso a moda intencionalmente para desconstruir o estereótipo que se tem da política e dos políticos. Essa também é uma linguagem que me aproxima do público que eu quero cativar: a juventude brasileira.

Minha intenção é transformar a política em algo pop e palatável para todo mundo, em especial para os jovens, que gostam de me ver arrumada. Eles escrevem nas minhas redes: "Meu prazer é ver seus penteados e looks". Sou muito criticada pela minha vaidade, porque julgam que isso é supérfluo, mas estão enganados. Moda, beleza e estética não são coisas superficiais. São estratégias de comunicação e ocupação. É isso que me permite chegar a lugares inalcançáveis para políticos quadrados e tradicionais.

Consigo transitar muito bem entre o tapete da Câmara dos Deputados e as passarelas do São Paulo Fashion Week. Falo tanto de política como de beleza nas entrevistas, porque não sou uma caricatura, e acho que isso me conecta com as pessoas. Sou gente como elas, tenho meus gostos, meus passatempos. A política precisa de vivacidade, e só sendo pessoa de verdade, com dores, paixões, indignações e cansaço é que a gente pode revitalizar o cenário político brasileiro.

Por que uma deputada federal não pode gostar de moda, de pop, de maquiagem, de beleza? Tudo bem se outros deputados não gostarem, mas eu gosto e é dessa maneira que farei política. É assim que marco presença nas redes sociais e engajo os jovens. Eu uso essa linguagem para aquecer o coração dessa juventude que é *cool*, divertida, descolada. Quero que olhem para a política e não tenham a mesma relutância que eu tive quando me aproximei dela anos atrás. Quero que sintam que isso é para eles também.

Misturei a política com esse universo para trazer as pessoas para dentro dela. Por ocasião da votação do PL n. 1.904/2024, que considera homicídio o aborto realizado após a 22ª semana de gestação, conseguimos mobilizar uma juventude maravilhosa e aguerrida, que se juntou a nós e pulverizou na sociedade o debate sobre esse projeto de lei. Sendo quem sou, fazendo política com a minha verdade e minha personalidade, tenho conseguido trazer, cada vez mais, os jovens para a discussão política.

O feedback que mais recebo nas redes sociais é: "Você me fez gostar de política, que era a coisa que eu mais odiava". Às vezes, clico no perfil de quem me manda essas mensagens e me deparo uma galera muito jovem, de 10, 12 anos, que, por algum motivo, se conectou comigo. Isso me deixa comovida e me faz pensar que valeu a pena. Toda a minha luta valeu a pena. Todo o sofrimento que eu passei valeu a pena. Se minha trajetória se concluir amanhã, uma parte do que eu planejei se cumpriu: fazer pessoas descoladas, como eu, se interessarem minimamente pela política. Não é sobre acompanhar sessões da Câmara todos os dias ou assistir a todos os debates políticos. É ter noção do que é política, do quanto ela influencia sua vida e de qual participação você precisa ter para que outras pessoas, em especial as que não representam você, não tomem decisões no seu lugar ou, pior ainda, contra você e seus direitos.

Para que nossa democracia rejuvenesça, o Brasil precisa que a juventude não apenas se interesse por política, mas faça parte dela. É assim que ela pode encontrar salvação. Batalhamos por ela todos os dias. Não podemos aceitar jamais que a sociedade brasileira, que a política brasileira ou que a democracia brasileira seja apenas o que é hoje, ou que retroceda ainda mais. Precisamos investir nossa energia no jovem cheio de vida, no jovem questionador, no jovem provocador, no jovem que não aceita mais o "é assim e ponto-final".

É claro que, do outro lado do espectro político, também há um bando de jovens. Mas precisamos fazer o exercício do otimismo. Às vezes, eu sei, é muito difícil ser otimista quando se vive na precariedade da vida. Mas esperançar é necessário. Precisamos olhar para a geração que vem agora e ter esperança. Lutar por ela, para que se torne mais participante, mais pertencente à sociedade. Precisamos trabalhar dentro dela, ao lado dela, e não acima dela. E, mesmo que esse seja um processo muito lento e, às vezes, desanimador, devemos olhar para as pequenas conquistas, para o que está dando certo.

Treino meus olhos para enxergar o quanto a juventude vem pautando uma agenda em nosso país, e o quanto temos de investir em políticas para ela nos próximos anos. Fico leve e alegre ao falar sobre a juventude porque há nela um movimento que é fruto de uma luta, da minha própria luta. As pessoas que vieram antes de mim lutaram e abriram caminhos para mim, trouxeram provocações. Hoje, eu consigo dar passos mais seguros e pavimentar um caminho melhor para os que vierem depois de mim.

É óbvio que ainda há dificuldades para o jovem ou a jovem de 12 anos que se descobre transexual ou travesti. Mas já avançamos um pouco em comparação ao que eu vivenciei nos anos 2000. Projetamos novas possibilidades e construímos novos lugares para essa juventude ocupar, tanto na sociedade como na política. Espero que ocupe com responsabilidade e levando adiante o trabalho duro que muitos custearam, às vezes, com a própria vida. Os jovens podem viver um presente melhor por causa do que enfrentamos no passado, mas cabe a eles entregar um futuro ainda melhor para as gerações que estão por vir.

ALIADOS IMPROVÁVEIS

Pr. Henrique Vieira

Erika e eu temos muitos pontos de contato:

1. Somos negros.
2. Nascemos na periferia.
3. Fomos, na infância, rodeados por mulheres fortes.
4. Possuímos um lastro de fé.
5. Atuamos dentro do mesmo campo na política.
6. Temos senso de humor (eu mais que ela).
7. Amamos a arte.

Apesar desses pontos em comum, no Brasil de hoje, seria improvável, e até mesmo impossível, que Erika e eu fôssemos amigos. Socialmente falando, somos personagens antagônicos: eu sou pastor evangélico, ela é mulher trans. De forma geral, a sociedade espera que um pastor evangélico seja conservador, dogmático, sisudo. Por outro lado, esperam que uma pessoa trans seja promíscua, alguém de má conduta. São imaginários que precisam ser superados para que o diálogo seja possível.

O que Erika e eu fizemos foi dar menos importância ao que nos separa e, em vez disso, celebrar o que nos une.

Assim, fomos para além dos estereótipos, ou melhor, nos encontramos atrás deles. Descobrimos, um na vida do outro, cicatrizes e lutas semelhantes. Alcançamos fortalecimento, amizade, irmandade e cumplicidade, e isso nos levou a atuar contra todas as estruturas que fariam com que a gente estivesse distante um do outro. As disputas que travamos lado a lado também fizeram com que a gente se reconhecesse um no outro e se aproximasse. A Erika viu o humano atrás do pastor; eu vi o humano atrás da trans. Eu enxerguei Jesus na Erika, e ela viu Jesus em mim – algo que a cristandade que me cerca se recusa em ver. Para muitos evangélicos, eu não sou cristão. Sou um pastor *fake*.

A mulher trans que dizem ser promíscua, imoral, é quem reconhece a verdade da minha fé em Jesus. É muito significativo, para mim, que seja ela, e não a bancada evangélica do Congresso, que identifique Jesus em mim. Porque Jesus veio para os vulneráveis (Lucas 4:18), e na narrativa dos Evangelhos sempre foram os vulneráveis que perceberam quem Jesus de fato era. Assim, se a Erika, que é uma mulher que se tornou, e ainda é, vulnerabilizada por sua raça, seu lugar de origem, sua sexualidade e outros fatores; se ela, uma pessoa para quem Jesus veio, enxerga ele em mim, é porque ele faz mesmo parte da minha vida.

Jesus mesmo disse que ele não veio para os que se consideram justos e saudáveis (Lucas 5:31,32). Esses nem sequer o receberam. Eles não precisam de resgate, a história está do lado deles. Não precisam de ajuda nem de misericórdia. Eles são suficientes em si mesmos. Os que se autointitulam justos não reconheceram Jesus como o Filho de Deus. Por isso, o crucificaram.

Assim, quando é a Erika que vê Jesus em mim, e não os evangélicos fundamentalistas, ela desautoriza a fala ultraconservadora acerca de quem sou eu e de quem é Jesus. Ela é, mais do que eles, autorizada pelo evangelho a reconhecer quem é de Jesus e quem não é. Nos espaços de disputa, a fala e a presença dela ao meu lado me afirmam e confirmam como um discípulo de Jesus – ou seja, alguém coerente com o evangelho, que não usa a fé como instrumento de poder e de domínio, mas como expressão de serviço ao povo e com um compromisso radical com os oprimidos. Eu diria que a Erika é, hoje, minha maior aliada na luta contra o fundamentalismo religioso. E, por isso, nossa amizade é mais do que um afeto. É um símbolo dessa luta.

Eu gostaria de fazer uma diferenciação aqui. Não estou falando de "conservadorismo", mas de "fundamentalismo". Conservadores cabem na democracia. Minha mãe, de certa forma, é uma mulher conservadora. Ela nasceu em Macuco, interior do Rio, uma cidade com 4 mil habitantes. Ela sempre foi meu colo, meu consolo, minha proteção. É o amor da minha vida. Mas até hoje, de vez em quando, a dona Gláucia me liga, e eu percebo, em sua voz embargada, uma dor: "Henrique, e aquele seu posicionamento sobre a política de drogas?".

Ela vê o mundo a partir da formação dela, e eu preciso respeitá-la e contextualizá-la. Ela nem sempre entende minhas posições e, às vezes, me dói ver minha mãe sofrer pelo florescimento de meu caminho. Apesar disso, todas as vezes que precisei dela, ela suspendeu quaisquer dúvidas ou ressalvas para reafirmar o amor que nunca nos faltou.

O conservadorismo é uma visão de mundo em que o diálogo ainda é possível. No parlamento, na família ou na rua, eu consigo dialogar com a concepção conservadora. Por maior que seja minha discordância, esses posicionamentos ainda estão dentro de um jogo de pluralidade e democracia, não mediado pela violência nem pela negação do outro e do direito que o outro tem de emitir sua opinião.

Eu não sou conservador, mas quero dialogar com essa parcela do povo brasileiro, respeitando-a e sendo respeitado por ela, dialogando em amor e sabendo que, em seu conservadorismo, ela é capaz de respeitar a democracia e a vida do próximo. Na Câmara dos Vereadores, em Niterói, travei vários debates com certo vereador de direita. Divergíamos sobre muitos assuntos: o papel do Estado na economia (ele, mais liberal, defendia a mínima interferência do Estado; eu pleiteava por um Estado mais intervencionista, regulando a economia para garantir direitos sociais); sobre política de drogas (ele, mais proibicionista; eu defendia a regulação do mercado para diminuir a violência); ele defendia privatizações, eu apoiava empresas públicas. Mas, em todos os nossos embates políticos, nunca houve ameaça, violência discursiva, negação do direito de fala do outro. Éramos adversários políticos, mas com o respeito que cabia ao outro como ser humano.

O fundamentalismo, por outro lado, implode o diálogo e contradiz a própria democracia. Ele eleva o conservadorismo a posições de extrema violência. É importante, porém, ressaltar que o conservadorismo no Brasil não depende da igreja evangélica. Em nosso contexto nacional, como um todo, predomina o conservadorismo, e o crescimento do campo evangélico é um fenômeno recente demais para ser o causador disso. O conservadorismo no Brasil reflete nossas origens como uma colônia escravocrata patriarcal. Nessa conjuntura, a reação violenta ao progresso é histórica e estruturante. Mas podemos concordar que, dentro do campo evangélico, esse conservadorismo ganha mais força. Também é verdade que o conservadorismo evangélico tem se traduzido em projeto de poder e está interferindo no Estado e na legislação de políticas públicas.

No campo político do Brasil e dos Estados Unidos, o fundamentalismo religioso se traduz no que chamamos de "extrema direta", ou é parte importante da extrema. Ele legitima discursos de ódio com a justificativa de que está defendendo a vontade de Deus. Isso é perverso e, sobretudo, poderoso, porque mexe com o que há de mais profundo nas pessoas: a dimensão religiosa.

É muito bonito o que a experiência religiosa pautada pelo amor é capaz de fazer. A Irmã Dorothy, por exemplo, por sua fé em Cristo, lutou pelo povo, pelos pobres, pelos indígenas e pela floresta. Longe dos holofotes do poder eclesiástico, ela fez da floresta um templo. Sua fé não era uma imposição aos povos da floresta, mas um dispositivo que lhe dava força para lutar por um mundo mais justo e fraterno.

Mas a religião é forte. Quando ativada pelos mecanismos de ódio, poucas coisas são tão destrutivas quanto ela. Em uma máxima como "Deus acima de tudo e Brasil acima de todos", a religião mostra seu poder destruidor. Deus é supostamente inquestionável. E ele está acima de tudo: da lei, da democracia, da laicidade, dos direitos humanos, do respeito, até mesmo do amor ao próximo. Isso porque o "Deus" dessa frase não é qualquer Deus – nem mesmo o Deus cristão, que a Bíblia afirma ser Jesus Cristo –, mas uma visão repressora e moralista de poder e dominação.

Eu identifico o fundamentalismo religioso como um dos dispositivos de ódio da sociedade atual, no mundo e no Brasil. O fundamentalismo trabalha com a ideia de uma verdade absoluta e de uma revelação supra-histórica, que transparece na literalidade do "está escrito". Essa é uma afirmação totalmente avessa ao diálogo porque, se existe uma verdade absoluta, o questionamento não é possível. Se algo foi escrito em pedra, não pode ser revisado. Dentro dessa lógica, se eu questiono, por exemplo, a heteronormatividade, não estou questionando outra coisa senão o próprio Deus, que teria estabelecido a heteronormatividade. Quem pensa diferente será sempre visto como herege. Assim, conversas, interpretações e experiências religiosas são invalidadas porque, diante do absoluto, não há espaço para revisão ou mudança.

O fundamentalismo gera individualidades avessas a qualquer novidade. "Ordem" antes de "progresso". A memória fundamentalista sempre recupera aquele bom e ilusório "antigamente", e lamenta o fato de que isso se perdeu. "As coisas já não são mais como antigamente", dizem, dando a entender que o mundo contemporâneo tem arruinado valores absolutos, universais e eternos, dados por Deus. Essa mentalidade nos torna incapazes de ouvir e de sentir o outro. É uma construção que inviabiliza a percepção do sagrado na experiência do outro que não é como eu.

Assim, considero o fundamentalismo religioso uma das grandes ameaças à democracia no Brasil hoje. Por meio do

Estado, de políticas públicas e de legislação, ele quer impor ao conjunto da sociedade uma visão de mundo que se afirma única e absoluta. O fundamentalismo, segundo vejo, não entende e não resguarda a importância do Estado laico e da democracia e ataca especialmente os direitos de mulheres, de LGBTs e de adeptos e adeptas das religiões de matriz africana, porque não sabe lidar com o diferente.

Em Brasília, o que vejo são setores fundamentalistas que querem forçar o Brasil a ser do jeito deles. Eles tomam a doutrina que organiza sua vida particular e desejam aplicá-la a toda a nação, transformando a sociedade brasileira em uma extensão de suas igrejas. Querem que o outro se converta sob a força da lei. Esse movimento é letal: mata direitos, mata possibilidades de vida e pode matar pessoas, literalmente.

Uma das táticas do fundamentalismo é sequestrar a diversidade histórica que sempre existiu no cristianismo e apresentar uma versão hegemônica do que significa ser discípulo de Jesus. Por isso, no parlamento, quando querem me atacar, não questionam meu mandato. O que fazem é invalidar minha fé. Em vários momentos, nos microfones da Câmara, e também fora deles, colocam em xeque meu chamado pastoral. Não vou reproduzir as falas porque isso, de alguma forma, seria propagar o ódio. Mas há intimidações, e elas, creio eu, têm a ver com o fato de eu ser o único pastor no parlamento que não integra a bancada evangélica e que, em vez disso, denuncia o projeto fundamentalista que visa transformar a sociedade em um palco de ódio.

A escolha do título "pastor" para o meu nome nas urnas foi proposital. O objetivo foi disputar a visão de cristianismo defendida pelos fundamentalistas. E estar no parlamento como um pastor que não negocia seu amor pelo evangelho, que não negligencia sua prática pastoral e que declara não estar na política para fazer lobby em favor de uma instituição religiosa é incômodo para os fundamentalistas. Para eles, não é possível que alguém que se levanta em nome dos direitos humanos, da justiça social e do Estado laico leia a mesma Bíblia que eles, nem que creia no mesmo Deus em que eles afirmam crer. De fato, não cremos no mesmo Deus. O Deus em que creio é o Jesus de Nazaré, negro, periférico, humilde, amigo dos oprimidos. Não em um Deus branco de armas e privilégios. Mas eu tenho de ser o falso pastor, o falso profeta, como gostam de falar nas redes sociais, para que eles sejam verdadeiros e para que sua leitura da Bíblia e do mundo seja a única possível.

A linha entre nossas convicções e nossos sonhos para o Brasil é muito fina. Um dia, eu me flagrei pensando: "Será que quero um Estado brasileiro que se paute pelo cristianismo progressista que defendo, pela tradição cristã da qual faço parte?". Essa é uma pergunta válida, que tenho de me fazer periodicamente, pois há um risco de eu responder "Sim". Afinal, sou passível a tentações. Nesse dia, em vez de responder sozinho à questão, refleti sobre ela com amigas, amigos e minha equipe, e a resposta a que chegamos foi "Não". Pois isso também seria violento e intolerante. Não posso tirar do Estado o cristianismo conservador para colocar, no lugar, o cristianismo progressista. A sociedade é maior e mais plural do que o cristianismo e suas linhas. O que precisamos criar, como sociedade e parlamentares, é um mecanismo de pluralidade radical em que nenhuma experiência religiosa tenha privilégio sobre outras.

Falar sobre isso como cristão é muito desafiador porque, historicamente, é o cristianismo que tem privilégios culturais, simbólicos, políticos, econômicos e institucionais no Brasil. Então, sim, como cristão, quero que o cristianismo não tenha qualquer privilégio. Como discípulo de Jesus, não quero que minha fé nem a de qualquer pessoa seja instrumento de poder sobre outros. Eu ficaria constrangido se tentasse obrigar alguém a crer no que creio. Pois, ainda que a pessoa dissesse crer, isso não seria verdadeiro. Seria só mais uma imposição.

Quero que a religião seja uma inspiração para servir, amar, cuidar e exercer misericórdia. Jamais para tutelar a vida e o comportamento do outro a partir do que eu acredito. Essa religiosidade-fiscal tem gerado dor em pessoas que, sem encontrar argumentos para disputar as afirmações fundamentalistas, são obrigadas a decidir entre Jesus e seus afetos, entre Jesus e sua verdade mais profunda. Lembro-me de ter conhecido uma mulher trans em uma cozinha solidária em Porto Alegre que me perguntou: "Você vai gostar de mim apesar de eu ter rejeitado o evangelho?". Só que ela não tinha rejeitado o evangelho. Ela foi rejeitada pelos homens que querem monopolizar o evangelho e obrigá-la a aceitar a versão que eles têm vendido como evangelho.

É desumano condenar alguém a ter de optar entre continuar com Jesus ou ser quem ela é. Esse dilema mata. É uma morte psicológica, no sentido de roubar a alegria de viver, de fazer adoecer emocionalmente. Mas também pode ser uma morte objetiva, porque o limite dessa angústia é o suicídio. Por isso, Erika e eu afirmamos que o fundamentalismo defende um projeto de morte. Trata-se de uma política que, no fim, implica o extermínio ou autoextermínio de quem não se encaixa ou de quem se opõe. Ela impõe uma morte lenta aos seus oponentes. O mesmo tipo de morte imposto a Jesus.

Jesus de Nazaré, segundo a Bíblia, não morreu quentinho e velhinho numa cama, aos 100 anos de idade. Também não morreu em um acidente de camelo no meio do deserto. Não morreu em um assalto nem de doença. Jesus foi executado em nome da ordem; condenado a uma morte lenta e asfixiante depois de ter sido julgado ilegalmente pelo Estado, zombado pelo povo, açoitado e torturado pela força militar e humilhado pela bancada religiosa. A morte de Jesus não foi rápida porque *não podia* ser assim. A tática de punição do Império Romano exigia o sofrimento lento e gradativo do condenado; ao morrer, a pessoa tinha de manter a consciência para saber que morria por ser quem era. Essa era a maior punição.

Assim, qualquer semelhança entre a maioria da bancada evangélica atual e a bancada religiosa que condenou Jesus não é, na minha opinião, mera coincidência. Como disse a Erika: se Cristo viesse aqui hoje, ele seria morto precisamente pelos homens que se dizem cristãos.

Um texto do evangelho que tem orientado minha vida desde a pré-adolescência é Mateus 25:34-40. Nesse trecho, Jesus recepciona pessoas em seu reino dizendo: "Venham, benditos de meu Pai! Recebam como herança o Reino que lhes foi preparado desde a criação do mundo. Pois eu tive fome, e vocês me deram de comer; tive sede, e vocês me deram de beber; fui estrangeiro, e vocês me acolheram; necessitei de roupas, e vocês me vestiram; estive enfermo, e vocês cuidaram de mim; estive preso, e vocês me visitaram".

As pessoas ficaram perplexas e perguntaram a Jesus quando elas tinham feito essas coisas. E Jesus responde: "O que vocês fizeram a algum dos meus menores irmãos, a mim o fizeram".

Este texto marca minha compreensão de mundo e por quem eu luto. As imagens que Jesus escolheu são concretas – fome, sede, nudez, doença, encarceramento, desabrigo – e remontam a experiências de vítima. Pessoas sem acesso à comida. Gente sem a proteção mínima oferecida por uma peça de roupa. Pessoas estigmatizadas por uma enfermidade física. Forasteiros que vagueiam sem terra nem teto. Mas Jesus não só lista essas condições: ele se identifica com as pessoas que sofrem esses males. Esse texto me fez, como ainda faz, olhar para a sociedade profundamente desigual em que vivemos e me perguntar: com quais pessoas Jesus se identifica hoje? Quais são as pessoas que, ao defendê-las, ao me colocar ao seu lado, ao segurar suas mãos, representam a vida, o lado e as mãos do próprio Cristo?

É por essas pessoas que eu luto. No nosso país, são também pessoas com fome, pessoas com sede, pessoas desprotegidas cultural e politicamente, pessoas marcadas pelo encarceramento em massa, pela letalidade policial, pela criminalização seletiva do Estado, pessoas sem-terra, pessoas sem-teto. Luto em favor daqueles por quem Jesus me ensinou a lutar. Eu olho para a sociedade e me pergunto: quem é a vítima da injustiça? Quem é a vítima da violência? Qual é o corpo que está sofrendo por causa de algum sistema, de alguma verdade inflexível? É por esses representantes de Jesus que quero e vou lutar.

5

APRESENTE SUAS ARMAS

VER ALÉM

Erika Hilton

Tenho muito orgulho de ser sagitariana. Sagitário é um signo leve, comunicativo, aventureiro. Ele me inspira a ser resiliente; me faz olhar para as coisas por uma perspectiva positiva, mesmo quando tudo conspira para o contrário. Meu signo me leva a acreditar o tempo inteiro que as coisas vão dar certo, mesmo quando tudo já está dando errado. Se eu fosse de qualquer outro signo, tenho certeza, teria sofrido muito mais e teria sucumbido à minha própria dor. Só sendo de Sagitário consegui transformar minha história em força e pude até me divertir em meio ao caos. Hoje, olho para meu passado com a leveza que ele não tem. E mesmo na Câmara – um lugar horroroso para os olhos, para os ouvidos e para o emocional – posso ser brincalhona, alto-astral e feliz, graças ao meu signo.

Talvez por isso sou capaz de rever minha história e dizer: "Que bom que foi assim". Não quero parecer ingênua nem idealista. Afinal, não existe nada de bom em ser expulsa de casa e, com isso, ser obrigada a se prostituir aos 14 anos para comprar comida e roupa ou para pagar um quarto de pensão. Ter sido destruída em minha essência, sendo tão jovem, não foi bom. O positivo está em ter encontrado, em meio a essa experiência terrível, a esperança de que as coisas dariam certo.

A esperança veio até mim na forma de gente, de ajuda e também de sorte. Encontrei pessoas que foram importantes para mim e me acolheram quando cheguei nas ruas de Francisco Morato para me prostituir. O histórico das ruas é marcado por muita violência: violência dos clientes contra as prostitutas, de cafetinas contra as prostitutas ou entre as próprias prostitutas. Mas eu não tenho esse histórico para contar, pois as meninas que me receberam foram anjos da guarda que me ensinaram muitas coisas e me protegeram de tantas outras. A noite tem seu jogo, sua malícia, seus códigos – e essas mulheres me ensinaram, de maneira generosa, a ser esperta, a sobreviver.

Teve dor, sim. A dor da perda, da invisibilidade, da crueldade. Foi difícil me manter, me alimentar, me vestir, me abrigar. Mas nada disso resume a minha experiência. Porque, mesmo na rua, eu soube ser feliz.

Sei que tive sorte. Dei tchau para muitas amigas que entraram no carro do cliente e não voltaram mais. Sei que, ainda hoje, 90% das travestis brasileiras precisam recorrer à prostituição como meio de sobrevivência. Sei, ainda, que meu trabalho não é capaz de resolver por inteiro essas questões. Porém, enquanto eu viver, dentro ou fora da política, minha história e minha dor serão meu combustível para lutar e acreditar que é possível transformar realidades.

Não falo da posição de alguém que é aliada a uma causa. Falo do lugar de alguém que carrega na pele essas marcas da desesperança e que sabe exatamente onde dói. Nunca tive vergonha de assumir o que vivi, o que fiz, o que fui e quem eu sou. Tudo isso aconteceu mesmo, e, se não posso dizer que tenho orgulho das violências que sofri, posso afirmar que me orgulho de quem me tornei após tudo isso. Minha história compõe minha luta, meu mandato, minha visão de mundo. Não escrevo discursos, não preparo falas, não teorizo. Falo do que vivi. Mas não são apenas falas: partindo de tudo isso, procuro elaborar e oferecer à sociedade políticas públicas, leis, apoios, conteúdos informativos e por aí vai. Todo dia tento descobrir uma maneira diferente de inovar, de transformar. Porque todo dia continuo tendo esperança.

Na verdade, é mais do que esperança, e mais do que esperar: é o "esperançar" de Paulo Freire – lutar, construir, sonhar, resistir e transformar a realidade acreditando que é possível melhorar. Nunca me entreguei, nem perdi tempo olhando para o que estava ruim. Sofri, chorei, senti, lamentei, gritei, pedi socorro, mas sempre apegada à expectativa de que ainda havia algo bom para se viver. Nas ruas, acreditei que aquela página não era a última da minha história, que eu ainda viveria outros capítulos – mesmo quando o livro parecia estar chegando ao final.

Na política, vivo desse mesmo esperançar: há futuro para o nosso país, para o nosso povo, para a nossa democracia. Não estou dizendo que alcançaremos isso sem lutar; que, um dia, Henrique e eu nos sentaremos para falar apenas de coisas leves e para contar piadas bobas. Ao que me parece, estamos fadados a lutar para sempre. Eu, em especial, pois serei sempre um corpo feminino, travesti, negro, oriundo da periferia. A nossa única escolha é lutar. Mas podemos fazer isso com a perspectiva de que as pessoas que nos sucederão na luta encontrarão um chão aberto e terão de brigar um pouco menos, ou por coisas menos absurdas, como qual é o banheiro que meu corpo pode usar em um shopping.

Da mesma forma que os que vieram antes de nós abriram caminhos e nos serviram de inspiração para disputar espaços e narrativas, seguimos com a esperança de que as próximas gerações encontrem o mundo um pouco melhor e se inspirem em nós para seguir lutando e transformando sua realidade. Se isso acontecer, posso considerar que venci minha batalha e cumpri meu propósito.

A luta é cansativa e pesada, mas é o que me move. Não se trata de uma ingenuidade acerca da realidade e do mundo em que meu corpo está inserido. É acreditar que, se estamos aqui, se todos os dias lutamos por algo, é preciso ser positiva, senão, nada faz sentido, nada tem graça. Para que brigar? Para que existir? Para que viver? Para que lutar? Precisamos ver um lado bom, extrair um aprendizado do caos, nem que seja um olhar diferente para a vida.

Porque luto, posso acreditar em um amanhã possível, em um futuro melhor, na dignidade da minha gente, na quebra de paradigmas como a fome, o medo, a morte, a precarização, a prostituição compulsória, o abuso, a negação da fé, da família. Sem luta, não vejo como esperar que boas coisas caiam do céu. Minha luta é essencial; sem ela não há esperança, não há futuro. Eu teria morrido e sido esmagada feito barata se não estivesse lutando. Já lutei como prostituta numa esquina, como estudante no movimento estudantil; hoje, como parlamentar no Congresso. Lutar me permite estar aqui, disputando uma narrativa num livro, disputando uma narrativa no parlamento – que, por consequência, é uma narrativa na sociedade.

A realidade é dura e o cenário, catastrófico, mas estamos aqui. Sobrevivemos, seguimos firmes e precisamos ser eficientes. Cabe a nós elaborar o ódio, o medo, a revolta e a indignação e devolver essas mazelas em proposições positivas para o mundo. É esse tipo de atitude que se mostra capaz de transformar realidades, sejam lá quais forem. Se eu me sentar e ficar na ladainha de "Ai, meu Deus, não dá!", ninguém vai me pegar no colo. Ninguém tem piedade de você só porque você é pobre, preta, travesti. É bem o contrário: senta e chora porque ainda vem mais paulada. Isso está dado. A pergunta é: o que eu posso fazer, qual caminho posso percorrer para mudar isso minimamente?

Minimamente. Não dá para trazer sobre si uma responsabilidade de super-heroína e dizer: "Vou mudar o mundo!". Não vai. Mas podemos mudar o que está ao nosso alcance se agirmos propositadamente para isso. Eu prefiro viver um dia de cada vez. Se deu errado hoje, amanhã vai dar certo. Se deu certo demais, vamos curtir, porque amanhã pode ser que dê tudo errado. E se der errado, não vamos carregar como fracasso. Vamos simplesmente entender que hoje não deu, mas amanhã pode dar. E se não deu certo, não é porque a culpa é minha. Não deu porque não deu. Claro que posso ficar triste, mas não vou carregar isso dentro de mim. Eu deposito lá… e me livro disso. No dia seguinte, levanto, passo o batom, ajusto a postura e sigo.

Ainda que a gente abra a janela e veja um dia chuvoso, com trovoadas e ventanias, se olharmos com cuidado, veremos uma faísca de luz. A vida não é só desgraças. E ainda que toda essa desgraça se lance contra nós, nós seguimos. Estamos vivas, estamos ocupando espaços, estamos promovendo um debate junto à sociedade. Estamos recebendo relatos nas redes sociais: o negro, o pobre, a travesti, o dissidente estão lá na vida, comemorando seus aniversários, passando em concursos públicos, entrando na universidade, construindo sua família. Celebrar as pequenas conquistas é grandioso. E é possível.

COM AS ARMAS DO AMOR

PR. HENRIQUE VIEIRA

No ensino médio, tive uma experiência de amor em um manicômio.

Era o primeiro ano, e a escola conduziu um projeto multidisciplinar chamado "O que é loucura?". Assistimos a filmes, conversamos com assistentes sociais, psicólogos e psiquiatras, estudamos o conceito de loucura ao longo da história. A cada debate, a pergunta "O que realmente é ser louco?" ficava cada vez mais distante de receber respostas. Cientistas que questionaram dogmas da igreja foram considerados loucos. Mulheres que lutaram por liberdade foram chamadas de loucas. A loucura, portanto, não é mera questão biológica: trata-se de uma categoria, às vezes política, em que são colocados mentes e corpos insubmissos que lutam contra uma ordem desumana ou absurda, contra uma normalidade louca.

A conclusão do projeto de estudo foi muito curiosa. A escola recebeu a proposta inusitada de visitar o Hospital de Custódia e Tratamento Psiquiátrico Heitor Carrilho, do Complexo Penitenciário Frei Caneca, no Rio de Janeiro. Lá estavam pessoas que, segundo a perícia, não se encontravam em perfeito estado mental quando cometeram um crime. Viviam ali na espera de uma análise médica para obterem alta, mas, na verdade, ficavam muito tempo internadas, com poucas perspectivas de sair. Esse hospital foi oficialmente fechado em 2013, em consonância com a lei federal n. 10.216, de 6 de abril de 2001 – um marco da reforma psiquiátrica brasileira, que visou substituir o modelo manicomial por uma rede de atenção psicossocial mais humanizada e integrada à comunidade. Eu fiquei encantado pela temática desde então, e hoje estou envolvido na luta antimanicomial, defendendo a saúde mental pública. Mas, naquele fim de 2002, minha única luta era conseguir que minha mãe assinasse a autorização de um passeio escolar que não seria a um parque aquático, nem a um museu, mas a uma instituição penal de pessoas tidas como loucas.

Venci.

No hospital, conheci um rapaz, jovem como eu, mas com uma história diferente da minha, marcada por abandono familiar e dependência química. Não sei qual foi o crime que ele havia cometido, nem perguntei. O fato é que a gente passou a visita inteira conversando, só dois garotos trocando ideia. Ele não correspondia à ideia de um preso louco. Era apenas um menino contando sua história, suas memórias, me mostrando onde vivia, o que fazia. Quando o tempo da visita escolar acabou, ele fez uma pergunta que marcou minha vida e ressoa ainda hoje na minha mente: “Henrique, para onde você vai agora?”.

Nunca foi tão estranho dizer o óbvio: “Eu vou pra casa”.

Eu voltaria para o apartamento da minha família e comeria o jantar preparado pela minha mãe, assistindo ao

Flamengo. Meu novo amigo continuaria ali, vivendo uma vida esquecida pela burocracia prisional e pelo preconceito social. Uma pessoa "descartável", mas que, naquelas horas, significou tanto para mim.

Gosto de contar essa história porque ela desmonta a interpretação tradicional e popular de amor. Amar acaba restrito ao relacionamento entre um casal, a coraçõezinhos vermelhos ou aos laços afetivos que unem uma pessoa à sua família. Acredito que raramente, ou quase nunca, "amor" seria a palavra escolhida para traduzir a sensação de desamparo diante da dor do outro, da dor do mundo. Foi o que experimentei no hospital. Aquela troca de ideias me humanizou. O rótulo ganhou rosto. O preso louco era um rapaz que conversava comigo. Na despedida, senti a dor dele porque, sem que eu percebesse, entre nós nasceram vínculos de empatia e solidariedade. Algo me levava a um compromisso com ele, com a causa dele. Esse algo era amor. Eu acabara de experimentar a força revolucionária do amor. Saí do hospital disposto a ressignificar minha visão de mundo, a sacralizar toda criatura e a dedicar parte do meu tempo à construção de uma humanidade mais generosa.

O amor não se resume a emoções, a um romance, a um querer bem. Muito mais do que um sentimento volúvel e passageiro, ele inclui e, ao mesmo tempo, transcende o afeto momentâneo de uma pessoa por outra. Ele é uma declaração de compromisso com a dignidade humana. Por isso, amor não é sentimento, mas uma atitude que transforma a gente, e, nesse processo, transforma também o mundo.

Eu elegeria o amor como o ímpeto originário que nos leva a compartilhar a vida para produzir direitos iguais e paz.

Não a paz do silenciamento, que mata o pobre e encarcera os insubmissos para manter a ordem. Falo de uma paz que é fruto da justiça, da equidade, do compartilhamento de vida. Dessa forma, o amor é ético-político. Ético porque promove o bem comum; político porque é relacional.

Amar é uma forma de encarar o mundo e a própria existência. Nesse sentido, ele perpassa tudo o que tocamos e que nos toca. Amplia o olhar e quebra preconceitos. Vai além dos mecanismos que rotulam pessoas, promovendo encontros nos quais conceitos cedem espaço a uma história real, a um corpo que pulsa, a um horizonte no qual eu poderia ir para casa, e aquele garoto, não. O amor promove a vida, sacraliza a existência, transforma muro em ponte. Abre pequenos espaços de generosidade e nos faz sentir a dor do mundo porque enxergamos ali nosso próprio mundo de dor. Esse amor não pode ficar em silêncio, por exemplo, diante do racismo, do feminicídio, da LGBTfobia ou do manicomialismo porque ele nos liga à humanidade – não à humanidade geral e impessoal, mas à humanidade que há no outro. O que fere essa humanidade fere a ética do amor.

Entendo a ética do amor a partir da máxima de Jesus: "Ame o seu próximo como a si mesmo" (Mateus 22:39). Santo Agostinho retransmitiu a ideia com estas palavras: "Ama e faze o que quiseres".[10] Isso não tem nada a ver com uma vida inconsequente, mas afirma que quem ama de verdade não precisa de regra. O amor sempre será sua maior lei.

De que forma devemos amar? Penso que Jesus fala menos do "como" e mais do "quanto". O jeito de amar varia

10 *Sermões sobre a Primeira Epístola de São João* (Sermão 7, § 8).

de pessoa para pessoa. Mas o "quanto" cabe em todas as demonstrações particulares de amor, porque estabelece como parâmetro aquilo que você faria por si mesmo: eu protejo você com a mesma intensidade com que me protegeria; eu defendo sua integridade com a mesma paixão com que defenderia a minha; eu respeito você da mesma maneira que desejo ser respeitado.

O que ferir essa ética deve ser combatido. E como combatemos? Também com amor. Jesus disse: "Amem os seus inimigos" (Mateus 5:44).

Durante muito tempo, briguei com esse texto. O que Jesus queria dizer? Eu devo ser amigo de quem me maltrata? Devo desenvolver afetos por quem me oprime? Isso me parecia violento, hipócrita, superficial.

Foi com Martin Luther King que aprendi que Jesus não era ingênuo. Cristo não nos pede que morramos de amores por quem nos agride. Ele não está exigindo que eu saia por aí abraçando fascistas. Não é isso, porque *amar não é gostar*. Amor não é sentimento, ou seja, não diz respeito ao que sinto pela pessoa. Amor é ação. Amar o inimigo significa que, no sentimento, pode haver raiva e ódio, mas, na atitude, não. Na atitude há respeito, há humanidade. Há até afastamento, se for o caso. Vejo meu inimigo como um ser humano, tal qual eu sou – "ame como a si mesmo!". Por isso, eu escolho não o violentar, apesar de seu discurso me violentar. Ainda que eu seja movido pelo afeto do ódio, em amor, preservo sua integridade física e emocional e não revido, porque a vingança não é justiça.

Jesus nos autoriza a odiar o inimigo, mas nos orienta a não proceder a partir desse ódio, a não devolver na mesma moeda. Em resumo, amar o inimigo é uma decisão de, mesmo odiando, não desumanizar quem desumanizou você.

Por isso defendi, durante as eleições presidenciais de 2022, que "Derrotar Bolsonaro é um ato de amor". Essa ideia veio de um tuíte e se transformou em movimento com o Coletivo Esperançar. Entendemos que o bolsonarismo não é um projeto qualquer de direita. É, antes, um projeto violento, intolerante, que despreza a humanidade e a natureza, glorifica a violência e a tortura e promove a morte. Portanto, é contrário à democracia e completamente incompatível com o espírito amoroso do evangelho de Jesus. Temos convicção de que o bolsonarismo mataria Jesus, usando o nome de Jesus para isso. A partir desse diagnóstico, convocamos cristãos e cristãs para derrotar Bolsonaro, com muita simplicidade e de forma bastante objetiva. A resposta nas redes sociais, em pouco tempo, foi explosiva, impressionante e muito nacionalizada. Confirmou a tese de que tem muita gente por aí machucada pelo fundamentalismo religioso, mas que, ao mesmo tempo, não negocia a fé em Jesus.

A resposta ao ódio tem de ser sempre o amor. Qualquer outra estratégia irá se utilizar das mesmas armas que os inimigos. Usando as mesmas armas, as mesmas estratégias, nos equiparamos a eles. Não vencemos o ódio com outros discursos de ódio, mas humanizando quem nos odeia, na esperança de que ele seja também humanizado pelo amor.

Eu faço a aposta de que, por trás de um discurso de ódio, há uma vulnerabilidade escondida, represada, não reconhecida, não acolhida. Existe ali uma pessoa com muito medo da vida. Evidentemente, há a questão de índole, mas eu não consigo entender o mundo apenas por meio do caráter das pessoas. Todos têm seus medos, inseguranças, abandonos. Assim, em alguns casos, o que motiva um discurso de ódio é menos um projeto perverso de vida e mais uma individualidade insegura, que não aprendeu a olhar para o desamparo intrínseco da experiência humana.

Creio que o medo não nomeado, a lágrima não chorada, a vulnerabilidade não reconhecida podem ser terrenos férteis para a violência, a imposição, a impaciência, o ódio. Muitas vezes, a forma de lidar com essa vulnerabilidade é buscar controle. É o desejo de ter uma vida domesticada, previsível, familiar. Mas controle sobre a vida – as vidas, os outros – não pode ser exercido sem opressão, pois tudo o que ameaça uma ordem preestabelecida será visto como ameaça à própria existência. Por isso, precisamos buscar caminhos mais generosos para nossas angústias e nossos medos. Creio que o caminho mais generoso é o amor.

Entendo que a tarefa de desarmar discursos de ódio passa necessariamente pelo diálogo. A capacidade de dialogar, por sua vez, deriva da capacidade da escuta, que, por sua vez, se desenvolve a partir da disposição de não rotular o outro. A gente tem de se abrir mais para as nuanças, as possibilidades e os encontros que as conversas geram.

Conversar não significa ser neutro nem silenciar diferenças. Eu sou militante dos direitos humanos, defendo a causa da justiça social, da democracia radical, do meio ambiente. Não estou disposto a negociar esses valores. Mas meus princípios não podem inviabilizar conversas com pessoas que, em suas narrativas, pensam diferente. E essa conversa, muitas vezes, não vai chegar a um denominador comum. A diferença vai permanecer e, talvez, até gerar conflitos. Isso está previsto em uma sociedade democrática. O que fazemos então?

Não suprimimos conflitos. O conflito faz parte da existência, da convivência, dos processos de sociabilidade. Suprimi-lo é um vício autoritário. São regimes autoritários que tentam, de maneira violenta, estabelecer uma leitura única da realidade, uma voz que se pretende absoluta. Historicamente, esses regimes cassaram mandatos parlamentares; destituíram governos eleitos pelo voto popular; prenderam pessoas sem lhes dar direito de defesa; estabeleceram controle e censura sobre os meios de comunicação; perseguiram adversários políticos; suprimiram o calendário eleitoral e o sistema representativo e acabaram com o pluripartidarismo. Todos esses são mecanismos de arbitrariedade que reduzem os espaços em que a divergência pode aparecer. A democracia, por outro lado, pressupõe a divergência. Ela garante às pessoas a liberdade para protestar e exigir seus direitos. Ela preserva um espaço para vários partidos políticos representarem diferentes visões.

Em vez de suprimir conflitos, abrimos espaço para o convívio. Devemos cultivar a capacidade de, ao ouvir algo do qual discordamos, não anular o outro enquanto indivíduo, mas estabelecer com ele uma convivência. Possibilitamos o convívio ao exercer paciência na escuta, perseverança na relação, humildade para se reposicionar e tolerância quanto aos pontos de divergência, não enfatizando o que nos afasta, mas buscando o que nos une. Não podemos implodir relações a cada conflito. Esse seria o fim da sociedade e de qualquer núcleo de convivência harmoniosa.

Faço, porém, uma ressalva: cada pessoa conhece seu limite. Cada um é responsável por preservar a própria integridade física e emocional. Não estou sugerindo que, diante de um homem machista, violento e misógino, uma mulher, correndo risco de vida, tenha paciência na escuta ou perseverança na relação. De modo algum. Às vezes, para nossa própria preservação física e emocional, é necessário se afastar. Isso acontece quando, em uma interação com o outro, chegamos a um ponto em que a diferença é tão fundamental que impossibilita a convivência. Saber se afastar não é uma atitude violenta nem covarde, mas uma demonstração de respeito aos limites. Eu, por exemplo, não quero conviver com uma pessoa racista que me xinga pela cor da minha pele. Penso que, nesse caso, o afastamento é um exercício de limite ético e proteção.

Ressalva feita, tenho de pressupor o oposto: temos de buscar o que é diferente, na expectativa de encontro, enriquecimento e maravilhamento diante da beleza que é a vida humana. Nessa investida esperançosa, o improvável pode se tornar possível e provável.

A improvável amizade entre mim e Erika se tornou fluida, estabelecendo uma margem de esperança e um projeto de sociedade. Um pastor e uma trans – na verdade, Henrique e Erika, duas pessoas. Unidas pelas lutas, pelos sonhos de uma sociedade de justiça e de liberdade. Pessoas que divergem entre si, obviamente, mas que não se pautam pelas suas diferenças.

Em uma sociedade de fundamentalismo religioso, de extremismo político de direita, de púlpitos que alimentam violência contra o diferente, nós dois optamos por ser símbolo de amizade e luta. Somos portadores de esperança, de uma sociedade do diálogo, do respeito mútuo, da convivência fraterna, da garantia de direitos, da cultura de paz. Somos porta-vozes de um projeto de mundo em que a amizade brota em lugares improváveis.